천도교 신앙 심화

천도교 동귀일체

천도교 신앙 심화

발간사

우리는 각자 다른 동기와 연분에 따라 천도와 인연을 맺고 지금에 이르렀습니다. 하지만, 진리를 깨닫고 행복을 찾기 위해 많은 노력을 기울여 온 것은 모두 마찬가지일 것입니다.

그런데, 이 공부는 마음과 천도라고 하는 무형(無形)을 대상으로 하는지라, 방향과 목적지를 확신하고 과정과 경로에 대한 전체적인 그림을 알면서 나아가기가 쉽지 않습니다.

『천도교 신앙 심화』는 수도자의 이러한 고민과 현실에 실질적인 도움을 주고자 기획되었습니다. 여기에 소개하는 글들은 고(故) 태암 오명직 선도사님께서 생전 수도(修道)를 통해 깨달아 정리한 내용을 동귀일체 회원들이 검토·논의, 현재에 맞게 일부 내용과 표현을 다듬은 것입니다.

『천도교 신앙 심화』는 제1부 천도교 수도, 제2부 천도교 가치관·사상, 부록의 세 부분으로 구성되어 있습니다.

먼저, 제1부에서는 '수도의 목적'을 시작으로, 올바른 수도를 위한 화두이자 길잡이인 동경대전 〈팔절(八節)〉에 대한 풀이, 수도 단계별 유념해야 할 사항을 담은 의암성사 법설 〈십삼관법(十三觀法)〉에 대한 풀이를 쉽고 구체적인 말로 정리하고 있습니다. 수도의 시작에서부터 높은 경지에 이르기까지 안내 지도로 삼을 수 있을 것이라 생각합니다.

제2부에서는 우주와 한울님(神)의 존재 및 의의를 설명한 '우주관(宇宙觀)·신관(神觀)'과 함께, 그에 따라 인간이 추구해야 할 바람직한 '사회관(社會觀)·행복관(幸福觀)'을 제시하였습니다. 이어서, 인간의 진정한 행복은 지극한 수련을 통해 마음으로 한울님과 함께하는데 있음을 밝힌 '화복의 인과', 끝으로 수도의 목적지인 이신환성(以身換性)에 이르면 육신은 죽어도 성령(性靈)은 한울님과 융합되어 이 세상에 작용하며 영원히 살아간다는 천도교의 '내세관'을 설명하고 있습니다.

여기에 더해, '우주관·신관'과 연결시켜 고(故) 해운 임문호 선생님께서 천도이치에 기반하여 체계화한 〈천도교의 정치 사상과 체제〉를 소개하였습니다. 이는 자본주의와 사회주의의 양극단을 극복하고 남북통일과 지상천국을 이뤄낼 천도교만의 구체적 방안을 제시하기 위한 시도였다는 점에서 의미가 크다 하겠습니다. 중요한 연구사례의 하나로 소개하면서 뜻있는 분들 간 건강한 토론을 기대해 봅니다.

끝으로, 부록에서는 포덕교화에서 중요한 설교(說教)를 체계적으로 익힐 수 있도록 '설교의 준비와 방법'을 다루었습니다.

이번에 내놓는 『천도교 신앙 심화』는 천도교 신앙을 하는 교인은 물론, 진리의 세계로 나아가고자 하는 일반인에게도 보다 분명한 이해와 확신을 가져다줄 것이라 기대합니다.

책을 내기에 앞서 소중한 자료를 제공해주신 고(故) 태암 오명직 선생님 · 해운 임문호 선생님의 유족에게 진심으로 감사를 드립니다. 책을 준비하면서 '동귀일체' 운암 오제운 고문님께서 전체 내용을 일일이 검토해주셔서 내실을 기할 수 있었습니다. 또한, 편집 · 교정에 참여해주신 우암 안춘우 · 정화당 한주희 두 부회장님과 회원님들, 책 출판에 정성을 다해주신 글나무 출판사 오혜정 대표님께 깊은 감사를 드립니다.

포덕 163년 8월 14일
천도교 동귀일체 회장 원암 김창석 심고

부록

I
천도교 수도(修道)

수도(修道)의 목적

 사람이 사람답게 사는 길을 추구하는 정신적 수행 과정을 총괄해서 '수도(修道)'라고 말할 수 있다. 다시 말해, 수도(修道)란 마음을 닦고 단련(鍛鍊)하여 한울님 모심을 깨닫고, 한울님과 합일(合一)되어 모든 일이 한울님의 뜻과 같이 이뤄질 수 있도록 인격을 완성하는 데 그 목적이 있다.

 그러나 일반 종교에서는 수도를 대개 죽은 후, 즉 내세관(來世觀)과 연관 지어 생각하는 사람들이 많다. 하지만 동학·천도교는 내세(來世)보다 현실을 위주로 하는 것이 특징이다. 근본에 있어서는 내세와 현실은 별로 다를 바 없다. 다만 형식의 변화에 지나지 않는 것이다. 그러므로 나와 내 가정의 참다운 행복을 위하고, 더 나아가 사회와 인류의 복지(福祉)를 위하여 우리는 수도를 한다.

 수도의 목적은
 첫째, 개인적으로는 자아완성(自我完成)을 하기 위함이다.

둘째, 가정적으로는 도가(道家)를 완성하기 위함이다.

셋째, 사회적으로는 보국안민(輔國安民)과 포덕천하(布德天下) · 광제창생(廣濟蒼生)과 지상천국(地上天國) 건설을 하기 위함이다.

1. 개인적 목적

① '자아를 완성함'이란 글자 그대로 자기를 완성시키는 것이다. 자기(自己)를 완성(完成)하는 것은 먼저 내 마음을 잘 닦아서 습관(習慣)된 마음을 버리고 잊어버렸던 한울님 마음을 회복하며 한울사람이 되기 위함이다. 자아완성(自我完成)은 한마디로 도성덕립(道成德立)하는 데 그 목적이 있다.

② 사람은 누구나 자기 몸에 한울님을 모시고 있다. 모신 한울님을 항상 잊지 아니하고 생각하며 모앙(慕仰)하는 마음으로 굳게 믿고 정성을 다해 모심으로써, 한울님의 기운(氣運)과 내 기운이 하나가 되고 한울님 마음과 내 마음이 하나가 되는 경지 즉, 천일합일(天人合一)에 이르기 위해서 수련을 한다.

③ 사람은 성품(性)과 마음(心), 육신(身)으로 구분할 수 있다. 그런데 유형(有形)한 육신은 어느 정도 알 수 있지만, 마음과 성품은 무형(無形)하기 때문에 알지도 못하고 알려고도 하지 않는 것이 세상 사람들이다. 결국 자기 자신을 모른다는 말과 같다. 수련을 잘해서 견성각심(見性覺心, 마음과 성품을 깨닫는 것)하기 위해, 즉 나 자신을 깨닫기 위해서 수련을 한다.

④ 나는 어디서 왔으며, 어떻게 왔는가? 나는 어떻게 살아야 하며,

죽으면 어디로 가며 어떻게 되는가? 그리고 우주(宇宙)의 본질(本質)이 무엇이며, 개인적으로나 가정적으로나 사회적으로 무엇을 어떻게 할 것인가 등등 인간으로서 참된 삶을 영위하기 위해서 수도(修道)를 한다.

⑤ 자기 발견이 곧 우주의 발견이요, 자기 통일이 곧 세계 통일이요, 자기완성이 곧 인류의 완성임을 깨닫고, 언제나 기쁨과 즐거움으로 희망찬 내일을 위하여, 만사여의(萬事如意)될 수 있는 지상신선(地上神仙) 사람이 되기 위해서 수도를 한다.

2. 가정적 목적

① 화목(和睦)하고 우환(憂患) 없는 가정을 만들기 위함이다.

② 부모님에 대한 효도(孝道)와 자녀 교육의 충실(充實)을 기하기 위함이다.

③ 한울님의 무궁한 복록(福祿)을 받아 행복한 가정을 이루기 위함이다.

④ 온 가족이 다 함께 오관(五款) 실행을 충실히 하기 위해 수도를 한다. 특히 교구에서나 수도원에서 수련회(修煉會)가 있을 때에는 다른 일보다 우선하여 참석하는 것이 우리 가정을 위한 참된 길이다.

3. 사회적 목적

보국안민(輔國安民), 포덕천하(布德天下), 광제창생(廣濟蒼生), 지상천국(地

上天國) 건설을 하는 데 그 목적이 있다.

① 보국안민(輔國安民)

외세의 침략을 막고 남북통일을 평화적으로 이루어, 민주주의적 완전 자주독립국가를 건설하는 데 그 목적이 있다. 그리고 국민들이 육체적·정신적·사회적인 질병 없이 정신적으로나 물질적으로나 잘 살 수 있는 행복한 나라를 건설하는 데 그 목적이 있다.

한마디로 말해 보국안민(輔國安民)은 나라를 보전하고 국민이 편안하게 잘 살 수 있게 하자는 것이다.

② 포덕천하(布德天下)

한울님의 덕(德)과 참된 이치(理致)를 온 세상 사람들이 잘 알고 실천할 수 있도록, 또한 한울님의 덕과 진리를 온 세상에 널리 펴서 한울님의 덕화(德化)로 잘 살 수 있도록 하자는 데 그 목적이 있다.

③ 광제창생(廣濟蒼生)

한울님의 뜻을 알고 도탄(塗炭, 몹시 곤궁하여 고통스러운 지경에 이름)에 빠진 가련한 세상 사람들을 널리 구제하는 데 그 목적이 있다.

④ 지상천국(地上天國) 건설

천국과 천당이 따로 없고, 우리가 살고 있는 이 땅 위에 전쟁과 질병, 그리고 가난이 없는 살기 좋은 인간사회를 건설하자는 데 그 목적이 있다.

　결론적으로, 수도의 목적은 개인적으로 자아완성, 도성덕립을 하는
데 있으며, 가정적으로는 도가완성(道家完成)에 있고, 사회적으로는 보
국안민(輔國安民), 포덕천하(布德天下), 광제창생(廣濟蒼生), 지상천국(地上天
國) 건설을 하는 데 있다.
　우리는 한마음 한뜻으로 동귀일체(同歸一體)가 되어 이 목적을 이뤘
을 때 조국의 평화통일을 이룰 수 있으며, 이 땅 위에 한울나라를 밝게
건설할 수 있을 것이다.

2

팔절(八節) 풀이

* 『동경대전(東經大全)』中

전팔절 (前八節)	명(明) : 밝음이 있는 곳을 알지 못하거든 멀리 구하지 말고 나를 닦으라. (不知明之所在 遠不求而修我)
	덕(德) : 덕이 있는 바를 알지 못하거든 내 몸의 화해난 것을 헤아리라. (不知德之所在 料吾身之化生)
	명(命) : 명이 있는 바를 알지 못하거든 내 마음의 밝고 밝음을 돌아보라. (不知命之所在 顧吾心之明明)
	도(道) : 도가 있는 바를 알지 못하거든 내 믿음이 한결같은가 헤아리라. (不知道之所在 度吾信之一如)
	성(誠) : 정성이 이루어지는 바를 알지 못하거든 내 마음을 잃지 않았나 헤아리라. (不知誠之所致 數吾心之不失)
	경(敬) : 공경이 되는 바를 알지 못하거든 잠깐이라도 모앙함을 늦추지 마라. (不知敬之所爲 暫不弛於慕仰)
	외(畏) : 두려움이 되는 바를 알지 못하거든 지극히 공변되게 하여 사사로움이 없는가 생각하라. (不知畏之所爲 念至公之無私)
	심(心) : 마음의 얻고 잃음을 알지 못하거든 마음 쓰는 곳의 공과 사를 살피라. (不知心之得失 察用處之公私)

후팔절 (後八節)	명(明) : 밝음이 있는 바를 알지 못하거든 내 마음을 그 땅에 보내라. (不知明之所在 送余心於其地)
	덕(德) : 덕이 있는 바를 알지 못하거든 말하고자 하나 넓어서 말하기 어려우니라. (不知德之所在 欲言浩而難言)
	명(命) : 명이 있는 바를 알지 못하거든 이치가 주고받는데 묘연하니라. (不知命之所在 理杳然於授受)
	도(道) : 도가 있는 바를 알지 못하거든 내가 나를 위하는 것이요 다른 것이 아니니라. (不知道之所在 我爲我而非他)
	성(誠) : 정성이 이루어지는 바를 알지 못하거든 이에 스스로 자기 게으름을 알라. (不知誠之所致 是自知而自怠)
	경(敬) : 공경이 되는 바를 알지 못하거든 내 마음의 거슬리고 어두움을 두려워하라. (不知敬之所爲 恐吾心之㤋吾昧)
	외(畏) : 두려움이 되는 바를 알지 못하거든 죄 없는 곳에서 죄 있는 것같이 하라. (不知畏之所爲 無罪地而如罪)
	심(心) : 마음의 얻고 잃음을 알지 못하거든 오늘에 있어 어제의 그름을 생각하라. (不知心之得失 在今思而昨非)

1. 수도(修道)와 팔절(八節)

수도의 핵심은 수심정기(守心正氣)하고 도성덕립(道成德立)되어 자아완성(自我完成)하는 것이다.

우리가 수도하고 수련하는 동안 생각해야 하는 가장 기본적인 물음이 『동경대전(東經大全)』의 팔절(八節)에 있다. 팔절(八節)은 명(明)·덕(德)·명(命)·도(道)·성(誠)·경(敬)·외(畏)·심(心)의 여덟 가지 주제를 전

(前)·후(後)로 나누고 반복하여 제시한 것으로, 수도자가 찾아야 하는 기본 이치이며 대신사께서 후학들에게 정해준 수련의 화두(話頭)이다.

대신사님은 이 팔절(八節)을 통하여 우리가 수도하면서 깨달아야 할 여덟 가지 기본적인 주제에 대한 숙제를 주신 것이다. '부지(不知)'와 '소재(所在)'라는 두 단어를 통해 질문을 하고 답을 구하고 있다. 즉, 팔절의 각 구절은 '밝음(明)이 있는 곳을 알지 못하느냐?(질문) 그러면, 멀리 구하지 말고 나를 닦으라.(답)', '덕(德)이 있는 바를 알지 못하느냐?(질문) 그러면, 내 몸의 화해난 것을 헤아리라.(답)' 등의 문답 구조로 되어 있다. 그래서 이 팔절은 수도의 중요한 길잡이가 된다.

더 구체적으로는 첫째, '부지(不知)'에 대해 '소재(所在)'라는 말씀으로 밝음(明)과 덕(德)과 명(命)과 도(道)가 각각 어디에 있는지 살펴보고, 둘째, '부지(不知)'에 대해 '소위(所爲)'·'소치(所致)'라는 말씀으로 정성(誠)과 공경(敬)과 두려움(畏)이 각각 어떻게 이루어지고 되는지를 살펴보며, 셋째, 역시 부지(不知)에 대해 마음(心)은 어떤 경우에 '얻고 잃는지'를 살펴보라는 것이다.

왜 전·후 팔절로 나누셨을까? 전팔절(前八節)은 도에 들어 이제 공부를 해나가는 단계, 후팔절(後八節)은 공부가 진전되어 깊이가 더해지는 단계이다. 또한, 전팔절은 나의 근본을 살펴보고 내 안을 들여다보는 것이며, 후팔절은 내 안의 근본을 깨닫고 밝음을 회복하여 바깥(세상)을 내다보는 것까지 포함하고 있다. 특히, 대신사님은 후팔절(後八節)에서 각각의 질문에 대해 구체적인 답을 제시하기보다 방향과 느낌을 말씀하심으로써, 후학들이 스스로 궁리(窮理)하고 깨달을 수 있는 여지를 주고 계신다.

　팔절의 소재에 대해서 가장 모범적인 답안이 해월신사님의 〈수도법
(修道法)〉과 〈강서(降書)〉에 나오는데, 〈수도법〉에 "명덕명도(明德命道) 네
글자는 한울과 사람이 형상을 이룬 근본이요, 성경외심(誠敬畏心)은 몸
을 이룬 뒤에 다시 갓난아기의 마음을 회복하는 노정절차(路程節次)이
니라."고 하셨다. 그리고 〈강서〉에서는 "이 또한 팔절을 강화(降話)로
해석한 것이니, 범연히 지내지 말고 더욱 힘써 수련을 실천 이행하는
것이 어떠할꼬."라고 하셨다.

　쉽게 풀이하면, '한울과 사람이 형상을 이룬 근본'이라 함은 무형한
한울님은 유형한 한울님을 낳는 생명의 본질이요 본성이라는 뜻이다.
그리고 '갓난아기의 마음을 회복하는 노정절차'라 함은 수도를 통한
천심(天心) 회복의 과정이란 말씀이다.

　이렇게 볼 때, 이 여덟 가지 주제의 소재를 알면 우리는 이미 도인(道
人)이 다 된 것이라 할 수 있다. '팔절(八節)의 신행(信行)은 시천주(侍天主)
의 전부'라고 봐도 되지 않을까 한다.

2. 팔절(八節) 이해의 3가지 길

　〈팔절(八節)〉을 이해하고 해석함에 3가지 길이 있다.

　첫째는 전체를 하나로 묶어 밝은(明) 덕(德)과 생명(命)의 도(道)를 지극
한 정성으로 공경하여 닦아나감으로써, 한울님을 모시는 마음에 스스
로 경외지심(敬畏之心)을 가지는 방법이다. 둘째는 〈수도법(修道法)〉과 같
이 명덕명도(明德命道)와 성경외심(誠敬畏心)으로 네 글자씩 나누어 해석

하는 방법이다. 마지막으로 〈강서(降書)〉와 같이 한 자 한 자 따로 풀이
하는 방법이라고 본다.

어느 방법으로 공부하든 팔절의 내용은 하루하루 순간의 내용이 될
수도 있고, 일생을 이어가는 전체가 될 수도 있다고 본다. 그리고 '부
지(不知)'는 모른다는 뜻이라기보다 생각고 생각하여 일관된 의문을 가
져보라는 것이다. 우리가 한울님을 모시고 시천주(侍天主)하는 것도 인
생의 답을 구하자는 것이고, 무엇이든지 부지(不知)를 느끼는 것은 생
활 속에서 하나의 질문을 스스로 가지는 삶의 태도이다.

대신사의 '부지(不知)'와 해월신사의 '부지(不知)'가 같을 수가 없고, 해
월신사의 '부지(不知)'가 우리의 '부지(不知)'와 같을 수가 없는 것이다. 하
나의 문제에도 〈팔절(八節)〉의 범위와 내용이 사람에 따라 다른 것이다.

우리가 수련하고 기도(祈禱)를 열심히 했는데도 마음에 남는 것이 없
고, 믿음이 굳건해지지 않는 것은 수련의 화두가 분명치 않기 때문이
다. 만약 〈팔절(八節)〉 중에 한 가지라도 택해서 수련으로 깊이 들어간
다면, 우리는 많은 변화를 경험할 수 있을 것이다.

여기서는 〈팔절(八節)〉을 공부하면서 기존의 경전 풀이도 중요하지만,
우리 현대인의 생활에서 이 〈팔절(八節)〉이 어떤 연관과 의미를 가지며,
실제 삶 속에서 어떻게 나타나는지를 중심으로 생각해보기로 한다.

3. 명·덕·명·도(明·德·命·道)

① 명(明)

"밝음이 있는 곳을 알지 못하거든 멀리 구하지 말고 나를 닦으라."

라고 하셨다. 그리고 "내 마음을 그 땅에 보내라."고 하셨다. 이 말씀으로 밝음이 무엇인지 알 수 있겠는가? 사실 접근도 잘 못할 것 같다.

밝고 바르고 깨끗하고 빛이 있는 곳이 본성(本性)이고, 밝음에는 '안으로 밝음'과 '밖으로의 밝음'이 있다. 안으로 밝음은 나를 닦는 것이고, 밖으로 밝음은 내 마음을 그곳에 보내는 것이다. "내 마음을 그 땅에 보내라."는 것은 마음공부가 깊어져 내 마음을 한울님 본래의 밝고 밝은 자리로 보내고, 그처럼 밝아진 마음을 밖(세상)으로 보내라는 적극적인 뜻까지 담고 있다.

수도를 통해 회복한 밝은 마음으로 세상과 각종 사물(事物)의 이치, 사회 내 많은 문제의 원인을 헤아리고 해결책과 발전 방안을 제시하는 격물치지(格物致知)의 실천을 뜻하는 것으로 여겨진다.

개인, 가정, 교회, 사회가 밝음을 원하는데, 밝고 깨끗하면 아름답고 편안해지기 때문이다. 그러나 편하고 익숙한 것으로는 새로운 것을 발견할 수 없다. 그래서 내 마음을 한울님이 주신 본래의 마음과 가까이 하고 융합일치시킴으로써 더욱 밝게 하고, 다시 그 밝음을 필요로 하는 곳에 보내는, 즉 새로운 것에 대한 도전이 세상과 사람을 밝게 변화시키는 것이다.

② 덕(德), 도(道)

"덕이 있는 바를 알지 못하겠거든 내 몸이 화해난 것을 헤아리라."고 하셨다. 바르게 살고, 이치대로 살고, 베풀고 나누며 살고, 부지런히 사는 사람을 도인(道人)이나 덕인(德人)이라고 한다.

넓게 보면 도(道)와 덕(德)은 인류의 구원과 내세의 희망을 말하지만, 개인적으로는 인생의 고락(苦樂)을 통한 체험 속에서 만들어지는 상식적인 삶이다. 그래서 삶이란 스스로 가르치는 것이라고 한다.

자기를 먼저 볼 줄 아는 사람이 도(道)하는 사람이고, 그 도(道)가 타인에 이어질 때 덕(德)의 모습이 되는 것이다. 도와 덕은 무턱대고 공부하고 기도한다고 해서 되는 것이 아니다. 우리가 밤낮으로 도덕을 공부하면서도 왜 우리 안에서 이 시대의 본보기가 되는 도인(道人)이나 덕인(德人)이 없는가? 그것은 우리가 아직도 도(道)와 덕(德)을 내 안에서 찾지 않고 밖에서만 찾고 있기 때문이다.

우리가 가장 경계해야 할 점이 도덕의 기준이다. 나만의 도심(道心)으로 자신의 도심을 과신(過信)하여 도덕의 기준으로 삼는다면, 마치 설익은 과일을 먹거나 덜 익은 고기를 먹으면 배탈이 나듯이 신앙의 참뜻을 잃어버리게 될 것이다. 진정한 도와 덕을 위해 내 몸의 화해난 이치를 먼저 살피고 믿음이 한결같은 도인(道人)이 되어야겠다.

③ 명(命)

"명(命)이 있는 바를 알지 못하겠거든 내 마음의 밝고 밝음을 되돌아보고, 이치가 주고받는데 묘연하다."고 하셨다. 명(命)은 천도, 즉 천지자연·천체(天體)가 운행하는 도리와 법도(法度)를 말한다. 이러한 명(命)에는 2가지 뜻이 있다. '지키고 따라야 하는 명(命)', '기르고 이어가야 하는 생명(生命)의 명(命)'이 그것이다.

우리는 한울님으로부터 특별한 선물 2가지, 즉 '시천주(侍天主)의 지키는 명(命)'과 '양천주(養天主)의 기르는 생명'을 받았다. 내 마음의 밝음을 되돌아보는 것은 지키는 명(命)이고, 주고받는 이치가 묘연하다는 것은 생명(生命)이 있는 곳이다.

모든 생명은 하나이며, 내 밖에 있는 저 풀 한 포기, 나무 한 그루, 동물 등이 나와 한 생명으로 묶여 있으며, 내 안에는 그들로부터 얻어온 분신(分身)이 자리 잡고 있다. 그래서 생명의 주고받는 이치가 묘연하다는 것이다.

그리고 지키는 명(命)은 밝음을 돌아보는 것이다. 돌아본다는 것은 자신의 삶을 잠시 멈추고 현재 삶의 모습이 한울 본래의 밝음에 부합하는지 살펴본다는 뜻이다. 멈춤과 조화(造化)가 없고 반성이 없는 인격과 사회는 불안하고 부족한 인격이며 사회이다. 특히, 요즘 같은 속도의 시대에는 멈춤이 아주 중요하다. 다시 한번 생각하고 반성해보는 것, 잠깐만 참아보는 것이 많은 다른 세상과 삶을 만나게 해준다.

지금의 혼탁한 세상은 달리고 경쟁하는 교육뿐이고, 멈추고 지키는 윤리가 없어져 모든 것이 일회용이 되어가기 때문이다.

4. 성 · 경 · 외 · 심(誠 · 敬 · 畏 · 心)

① 성(誠) · 경(敬)

정성 · 공경은 마음가짐이다. 어떤 경우에도, 한울님을 모시는 마음가짐이 있으면 성(誠)이 생기고, 경(敬)이 우러나온다. 성(誠)과 경(敬)은 내가 한울님을 모시고 있음(侍天主)을 깨달았을 때 자연스럽게 나오는 것이다.

성(誠)은 내가 한울님을 모시고 양(養)하는데 부족함을 알고 느끼는 데서부터 시작하고, 경(敬)은 정성으로 부족함이 채워지는 데서부터 비롯된다. 성(誠)은 쉬지 않는 마음이며, 경(敬)은 한울님에게서 떠나지 않는 마음이다. 성(誠)은 한울님에 대한 모앙(慕仰)함을 유지·심화시키려 노력하는 한결같고 쉬지 않는 마음이고, 경(敬)은 그러한 정성으로 감응(感應)이 되는 때의 마음이다.

성(誠)과 경(敬)과 덕(德)이 모여 도(道)가 된다. 우리는 성(誠)과 경(敬)이 신앙의 척도라 생각한다. 하지만 따지고 보면, 성(誠)·경(敬)은 인생과 도의 뿌리 그 자체인 것이다.

성(誠)·경(敬)은 어려운 이론이 아니라, 소박한 도심(道心)을 생각하고 생각해서 실천에 옮기는 것이라 본다.

② 외(畏)·심(心)

"두려움이 되는 바를 알지 못하겠거든 지극히 공변되게 하여 사사로움이 없는가를 생각하라." 그리고 "죄 없는 곳에서 죄 있는 것 같이 하라."고 하셨다.

무엇이 두려움을 만드는가? 두려움은 기본적으로 인간의 무지와 불완전함에서 비롯된다. 인간은 자신의 근본인 한울님을 알지 못하고 사사로이 자신만의 욕심을 추구하는 각자위심(各自爲心)의 삶, 한울님과 분리된 삶을 사는 데서 스스로 많은 두려움을 만들어 내는 것이다. 그러기에, 두려움은 우매함과 나태함과 거짓과 자만과 만용과 조급함 등에서 생긴다고 할 수 있다.

두려움은 인간의 희로애락을 넘어선 죽음에 이르는 병이다. 사람들은 삶을 살아가면서 수시로 한계를 느끼고 벽에 부딪힌다. 그래서 사람들은 산다는 자체를 하나의 벽이라고까지 생각한다. 존재하는 것을 모두 벽이라 여기고 심지어 없는 벽도 만들며 살아간다. 이 벽에서 두려움이 생기고, 이 벽은 두려움 그 자체가 된다. 그러나 이런 두려움은 대상을 두고 느끼는 두려움으로, 대상이 없어지면 사라지는 두려움이다.

하지만, 우리에게는 한울님을 모시지 않는 두려움, 스스로 성실하지 못한 두려움, 경외지심(敬畏之心)이 없는 두려움이 가장 무서운 것이다.

우리는 도인(道人)으로서 편견으로 인해 생각과 실천이 서로 달라지고 어긋나는 경우가 적지 않고, 이로 인해 거짓 한울, 거짓 도(道)를 만든다. 자신의 좁은 편견과 오류를 극복하지 못하면, 신앙이 가장 큰 공포가 되고 속박이 되고 죄가 된다는 것이 바로 〈팔절(八節)〉의 교훈인 것이다.

'마음의 얻고 잃음'이란 버려야 할 마음과 지켜야 할 마음을 잘 구별하라는 것이다. 사람의 마음같이 가볍고 간사한 것이 없다. 사람의 마음이란 어떻게 보면 자기에게 있는 것과 자기에게 없는 것에 대한 애증(愛憎)이 아닐까 한다.

'마음의 잃음을 알라'는 것은 마음을 함부로 쓰지 말라는 뜻이다. 함부로 생각하고 함부로 행하는 것이나, 함부로 듣고 함부로 말하는 것이나, 함부로 보고 함부로 가는 것, 이 모두가 오늘에 있어 어제의 그름을 생각지 않는 마음이라 할 수 있다.

5. 수행과 실천

우리의 모든 생활에서 말은 행하기가 어렵고, 특히 쉬운 말일수록 행하기가 어렵다.

〈팔절(八節)〉은 자아(自我)를 찾아가는 길이다. 잃어버린 자아를, 공허해진 자아를, 어떻게 찾고 무엇으로 채울까 하는 수도(修道)의 세계(世界)이다.

새로운 삶과 행복한 삶을 살기 위해 우리는 시천(侍天), 양천(養天), 각천(覺天), 체천(體天)의 계단을 거쳐야 하는데, 이 계단을 올라가는 등불이 바로 〈팔절(八節)〉의 내용이다.

우리는 끝없이 한울님과 대화하고 스스로에게 물어 자신을 뛰어넘는 세상을 만들어 나가야 한다.

〈팔절(八節)〉은 우리 도의 가장 기본적인 질문이고, 우리 삶의 가장 구체적인 답을 구하는 길이다. 우리 모두 〈팔절(八節)〉의 공부로 한울님 모심의 생활을 이루어 보자.

십삼관법(十三觀法) 풀이

※ 『의암성사 법설(義菴聖師 法說)』 中

십삼관법 (十三觀法)	❶ 주문을 생각해 보는 것과, 감화됨을 보는 것 (念呪觀 感化觀)
	❷ 나를 없다고 보고, 한울을 있다고 보는 것 (我無觀 天有觀)
	❸ 나를 있다고 보고, 한울을 없다고 보는 것 (我有觀 天無觀)
	❹ 성품을 없다고 보고, 마음을 있다고 보는 것 (性無觀 心有觀)
	❺ 마음을 없다고 보고, 성품을 있다고 보는 것 (心無觀 性有觀)
	❻ 성품도 없다고 보고, 마음도 없다고 보는 것 (性無觀 心無觀)
	❼ 성품도 있다고 보고, 마음도 있다고 보는 것 (性有觀 心有觀)
	❽ 나를 먼저 보고, 한울을 뒤에 보는 것 (我先觀 天後觀)
	❾ 나도 있다고 보고, 한울도 있다고 보는 것 (我有觀 天有觀)
	❿ 나도 있다고 보고, 물건도 있다고 보는 것 (我有觀 物有觀)
	⓫ 자유를 보고, 자용을 보는 것 (自由觀 自用觀)
	⓬ 중생을 보고, 복록을 보는 것 (衆生觀 福祿觀)
	⓭ 세계를 보고, 극락을 보는 것 (世界觀 極樂觀)

『의암성사 법설(義菴聖師 法說)』의 십삼관법(十三觀法)은 열세 가지 관법(觀法)으로, 수도의 과정과 방향을 총괄해서 밝혀주신 법설이다. 『의암성사 법설』의 〈무체법경(無體法經)〉과 〈후경(後經)〉을 총망라해서 압축한 매우 중요한 법설이라 할 수 있다.

수도하는 사람들은 많이 읽어서 외우고, 평소에 수시로 읽으면서 깊이 생각함으로써 자기 좌표(座標 위치와 정도)를 알고 전진(前進)하는 수도가 되도록 힘써야 할 것이다.

경전은 아는 데 그칠 것이 아니라, 하나하나 실제로 체험하고 행해야만 참뜻을 깨닫게 되고, 도성덕립(道成德立)의 경지에 이르게 될 것이다. 십삼관법(十三觀法)은 매우 소중한 법설로, 수도 생활에 크게 도움이 되는 법설(法說)이다.

● 주문을 생각하여 보는 것과 감화됨을 보는 것 (念呪觀 感化觀)

세상 사람들은 주문(呪文)도 모르고, 한울님의 감화(感化)도 모르고, 무의미하게 살아간다고 할 수 있다. 세상 사람들은 잠자는 세계, 꿈꾸는 세계, 깨어 있는 세계, 이것밖에 모른다. 이 세 가지 세계 말고 또 다른 세계가 있다는 것을 모르는 것이다.

주문(呪文)을 외워 한울님의 감화(感化)를 받는 세계가 있다. 혼탁한 세상 물결에 잠겨서 한울님의 덕(德)도 모르고 진리도 모르고 방황하면서 살다가, 다행히 천도교에 입교(入教)하여 주문을 외움으로써 비로소 한울님의 감화를 받는 체험을 얻게 되는 것이다. 즉, 한울님과 통하는 길을 얻는 단계라고도 할 수 있다.

그전에는 주문도 모르고, 한울님이 계시다는 것도 모르고, 한울님의 감화가 있다는 것도 모르고 살다가 '지기금지 원위대강 시천주 조화정 영세불망 만사지(至氣今至 願爲大降 侍天主 造化定 永世不忘 萬事知)'의 21자 주문을 지성(至誠)으로 외우니까 한울님의 감응(感應)이 있다는 것을 비로소 알게 되고, 그 세계를 홀로 감격스럽고 흐뭇하게 느끼게 되는 것이다.

❷ 나를 없다고 보고 한울을 있다고 보는 것 (我無觀 天有觀)

한울님의 감화를 받고 감개무량한 심경이 되어 무한한 기쁨을 느끼는 동시에, 그동안 한울님의 은덕도 모르고 금수(禽獸) 같이 살아온 것이 너무도 부끄럽고 죄송함을 느낀 나머지 자기 자신마저 망각하고 한울님만 지극히 생각하는 단계라고 할 수 있다.

신앙의 본궤도에 들어서게 되는 것이다. 마치 만리타향에서 외롭게 고생하다가 그리운 고향에 돌아와 부모님 품에 안기게 되니까, 너무 감개무량해서 잠시 자기 자신을 망각한 상태와 같지 않을까 생각된다. 한울의 권능(權能)이 사람을 이긴(天之權能 勝人) 상태라고 할 수 있다.

다만, 여기서 깊은 신앙을 하는 것은 좋지만, 자칫하면 한울님께 너무 예속된 의타적(依他的) 신앙에 빠지기 쉽다는 것을 알아야 할 것이다. 한 단계씩 전진하는 수도를 해야 할 것이다.

❸ 나를 있다고 보고 한울을 없다고 보는 것 (我有觀 天無觀)

한울님의 감화로 내 생각보다 한울님 생각을 주로 하면서 지내는 동안, 한울님은 내가 원하는 대로 이루어 주신다는 것을 알고, 차차 한울님보다 내 생각을 더 많이 하면서 한울님을 부리는 마음이 되는 것이다.

한울님께 의존하지 않고 자주적(自主的)으로 하는 것은 좋은데, 아직 육신관념(肉身觀念)이 남아 있기 때문에 자칫하면 자만(自慢)과 감정적인 방향으로 흐르기 쉬우므로 경계해야 할 것이다.

사람의 권능(權能)이 한울을 이긴(人之權能 勝天) 상태라고 할 수 있다.

❹ 성품을 없다고 보고 마음을 있다고 보는 것 (性無觀 心有觀)

한울님만 믿으면서 신앙하면 되는 줄 알았는데, 생각해 보니 그것만이 아님을 알게 되는 것이다.

내 마음가짐에 따라서 모든 일이 좌우된다는 것을 알고, 마음을 닦아야겠다는 것을 알게 되는 것이다. 또, 한울님 모심을 알아야 마음공부를 제대로 할 수 있다는 것을 알게 되는 단계라고 할 수 있다.

아직 성품(性品)에 대한 생각은 하지 못하고 마음공부에 치중하는 단계이다. 그동안 마음공부를 모르고 살아온 것을 부끄럽게 생각하고 참회하면서 열심히 마음공부를 하는 것이다.

여기에서 천도교 수도의 특징을 알 수 있다. 즉, 천도교는 한울님을 믿는 동시에 자기 마음을 닦고, 마음을 닦는 동시에 한울님을 믿고 수행하는 것이다.

❺ 마음을 없다고 보고 성품을 있다고 보는 것 (心無觀 性有觀)

마음을 닦아서 깨끗한 마음이 되게 하고, 괴로운 마음을 기쁜 마음이 되게 하고, 복잡한 마음을 일심(一心)이 되게 하는 마음공부를 하다 보니까 마음의 근본이 성품(性品)이라는 것을 알게 되는 것이다.

성품과 마음은 근본은 하나지만 작용하기 전 상태를 성품이라 하고 작용하는 상태를 마음이라 한다는 것과, 성품공부를 해야 무궁(無窮)한 나를 찾고 마음공부도 제대로 할 수 있고 도(道)를 통하게 된다는 것을 알고 성품공부에 열중하게 되는 것이다.

복잡한 마음을 닦아서 일심(一心)이 되게 하고, 나아가 무심(無心) 상태, 비고 고요한 경지에 이르도록 정진하는 것이다.

❻ 성품도 없다고 보고 마음도 없다고 보는 것 (性無觀 心無觀)

사람의 입장에서 보니까 성품도 있고 마음도 있는 것이지, 한울님 입장에서 보면 성품도 없고 마음도 없는 것이다.

수도를 계속함으로써 육신관념(肉身觀念)과 개체의식(個體意識)이 다 없어지고, 오로지 무형한 성령(性靈)의 세계에서 살면서 모든 사물을 한울님 입장에서 관찰하는 높은 단계에 이른 것이다.

❼ 성품도 있다고 보고 마음도 있다고 보는 것 (性有觀 心有觀)

성품도 마음도 없다고 보는 깊은 경지에 이르렀다가 다시 성품도 있고 마음도 있다고 보면서 성품공부와 마음공부를 병행하는 성심쌍수 (性心雙修)의 단계이다.

마음과 성품의 어느 한쪽에 치우치지 않고, 성심 쌍방으로 잘 닦아서 견성각심(見性覺心)의 경지에 도달한 상태라고 할 수 있다.

❽ 나를 먼저 보고 한울을 뒤에 보는 것 (我先觀 天後觀)

육신의 나를 나라고 생각하면 한울이 먼저 있고 내가 뒤에 있는 것이 사실이지만, 본래아(本來我)를 찾으면 나는 천지 만물이 조판되기 전부터 있었고 천지 만물은 그 후에 이루어졌다는 것을 훤히 알게 될 것이다.

여기서 나는 무형한 본래아(本來我)를, 한울은 유형(有形)한 천지 만물을 말한다. 육신관념(肉身觀念), 개체의식(個體意識)이 다 없어진 상태가 되니까 한울보다 내가 먼저라는 생각을 하게 되는 것이다.

❾ 나도 있다고 보고 한울도 있다고 보는 것 (我有觀 天有觀)

드디어 천인합일(天人合一)의 경지에 이른 것이다. 사람의 입장에서 나도 있고 한울도 있다고 보는 것이 아니라, 본래의 나를 찾아 이미 천인합일이 된 상태에서 보는 것임을 알아야 할 것이다.

깨닫고 보니 나와 한울, 나와 세상, 죽고 사는 것이 둘이 아님을 알게 되는 것이다.

❿ 나도 있다고 보고 물건도 있다고 보는 것 (我有觀 物有觀)

개체의식(個體意識)이 다 없어지고 삼라만상(參羅萬像)과 내가 일체(一體)가 된 상태라고 할 수 있다.

육신인 나의 입장에서 보면, 나와 만물이 개개별별(箇箇別別)이 떨어져 있고, 아무 관계도 없는 것으로 보이지만, 본래의 나를 찾고 보면 천지 만물(天地萬物)이 하나의 영체(靈體), 하나의 생명체(生命體)임을 알게 되고, 나와 삼라만상이 일체(一體)임을 확실히 알게 되는 것이다.

❶❶ 자유를 보고 자용을 보는 것 (自由觀 自用觀)

드디어 대자유(大自由)와 자용(自用)을 찾아 천지 만물을 자유로 활용하며 공도공행(公道公行), 공도공용(公道公用)의 경지에 이른 것이다.

세상 사람들은 보이지 않는 철조망에 갇혀 예속된 생활을 한다고 할 수 있다. 수도를 잘해서 물욕과 감정과 아집(我執)을 다 버리고, 개체의 식이 다 없어지고, 생사일여(生死一如), 불생불멸(不生不滅)을 깨닫고 견성각심(見性覺心), 천인합일(天人合一)이 되니까, 매사에 순리순도(順理順道)하게 되고 드디어 대자유, 대자용의 경지에 이르게 된 것이다.

여기서 자유는 마음의 자유를 말한다. 나 스스로 자유로워질 뿐 아니라, 천지 만물을 내 몸같이 여기고 자유자재로 활용하는 경지에 이른 것이다.

❶❷ 중생을 보고 복록을 보는 것 (衆生觀 福祿觀)

오랫동안 흐린 강물에 빠져 허우적거리다가 간신히 강둑에 올라서서 바라보니, 중생(衆生)이 모두 혼탁한 세상 물결에 빠져 헤매고 있는 가련한 정경(情景)을 바라보게 되는 것이다.

문득 중생을 건져야겠다는 사명감이 생겨 중생 속으로 뛰어들게 된다. 나와 내 가정, 민족과 인류를 구하고, 나아가 진정한 행복에 이르게 하는 길이 여기에 있다는 확고한 신념과 사명감을 갖고, 세상 사람들을 이 길로 인도하기 위해 모든 힘을 기울이게 되는 것이다.

⑬ 세계를 보고 극락을 보는 것 (世界觀 極樂觀)

다시 세계를 바라보니 세계가 너무나 어지럽고 혼란에 빠져 있음을 개탄하지 않을 수 없고, 마침내 이 땅 위에 천국(天國)을 건설해야겠다는 거룩한 뜻을 갖게 되고, 또한 이것이 한울님과 스승님의 간절한 소원임을 알게 되는 것이다.

인류는 한울님의 뜻도 모르고, 후천운수(後天運數)의 근본도 모르고, 동귀일체(同歸一體)의 원리고 모르고, 싸움과 질병과 가난과 온갖 부정불의(不正不義)에서 헤어나지 못하고 아우성치고 있는 것이다. 따라서, 지상천국(地上天國)을 건설하기 위해 모든 힘을 기울이게 되는 것이다.

뿐만 아니라, 세상 사람 모두 살아서는 시천주(侍天主) 생활의 기쁨, 지상천국에서의 행복을 누리다가, 육신의 생명이 다한 후에는 성령(性靈)으로 출세하여 후손·후학들의 성령과 융합일치(融合一致)되어 영원한 기쁨을 누리도록 하는 것이다.

II
천도교 가치관 · 사상

우주관 · 신관(宇宙觀 · 神觀)

1. 우주관(宇宙觀)과 신관(神觀)의 중요성

무릇 종교를 말함에 있어, 맨 처음부터 우주관(宇宙觀)을 종대(기본)로 삼고 있는 것은 동학(東學) · 천도교(天道敎)가 갖고 있는 특수성임과 동시에 강점이라고 할 수 있다.

일반적으로 종교는 "우선 믿어라. 의심하지 말라. 믿으면 알게 되느니라."라고 출발한다.

그러나 동학 · 천도교는 그렇지 않다. 동학 · 천도교의 경전 첫머리를 보면 우주관(宇宙觀)이 어떻고, 신관(神觀)이 어떠하다는 이야기부터 시작되고 있다. 맨 먼저 근본(根本)을 이야기해서 옳다고 생각하면 믿고, 옳지 않다고 생각하면 믿지 말라는 식이다. 그러니까 매우 합리적이다.

현대교육이 바로 이러한 합리주의를 바탕으로 하고 있다. 현대교육을 받은 대학생에게 "무조건 믿어라. 믿으면 알 것이다."라는 식의 맹신(盲信)을 강요할 수 없지 않은가. 이런 점에서 볼 때 천도교는 또한 현대적이다. 내 말만이 옳다고 하는 독선이 하나도 없다. 듣고서 공감이 되면 다 함께 합심(合心)해서 세상을 건지자는 것이다.

우주관이 맨 앞에 나오는 이유가 바로 여기에 있다. 동양에서는 옛날부터 '경천순천(敬天順天)'이라는 말이 있다. 이것은 '경천명 순천리(敬天命 順天理)'를 뜻하는 것인데, 여기서 말하는 '순천리'란 천리(天理), 즉 하늘의 이치에 순응한다는 것을 의미한다. 그만큼 이치(理致)와 이론(理論)이 중요하다는 뜻이고, 그래서 종교라고 해서 무조건 믿을 것이 아니라, 천리 즉 우주관이 옳은가 옳지 않은가를 맨 먼저 따져보아야 한다.

1980년대 말 소련이라는 거대한 사회주의 체제(社會主義 體制)가 붕괴되었다. 그렇다면 왜 사회주의가 실패했을까? 원래 사회주의는 도덕적인 측면에서 비롯되었다고 할 수 있다. 나는 잘 살고 너는 착취당해도 좋다는 것이 아니라, 너도나도 다 함께 잘 살자고 하는, 다분히 도덕적인 측면에서 출발했다. 어떤 면에서는 자본주의(資本主義)보다 낫다고 할 수 있다. 그런데도 마르크스 - 레닌주의에 입각한 사회주의가 실패할 수밖에 없었던 것은 바로 그 우주관이 잘못되어 있었기 때문이다.

그들은 신(神)을 부정하고 진화론(進化論)에 의해 물질 위주로 우주를 설명하려고만 한다. 하지만, 그렇게 되면 말을 할 때마다 주장하는 '인민(人民)을 위하여'라는 말은 성립이 되지 않는다.

예를 들어, 너와 내가 같은 아버지에게서 태어난 형제라고 할 때 서로 협력해서 도와야 한다는 말은 성립이 된다. 그러나 아버지의 존재를 부정하고 나아가 신(神)도 없다고 하면서, 진화적인 존재로만 인식할 때 어떻게 진실로 협력하고 도울 수 있겠는가. 거기에는 오직 약육강식만이 있을 뿐, 기본적으로 도덕이 성립되지 않는다.

착취 없는 사회, 평등한 사회라는 슬로건을 내걸고 이념만을 강조하던 사회주의가 실패할 수밖에 없었던 것은 이와 같이 우주관(宇宙觀)이 잘못되어 있었기 때문이다. 왜냐하면, 도덕의 기본적 바탕은 우주관에서 나오기 때문이다. 대표적인 자본주의 국가인 미국의 사회적 병리 현상도 같은 맥락에서 생각할 수 있을 것이다.

종교라고 예외일 수는 없다. 오늘날 세계적인 종교라고 일컬어지는 불교, 기독교, 회교(回敎)를 가리켜 종교학자들은 고전 종교(古典 宗敎)라고 말한다. 그러나 이들 기성 종교는 인류가 미개한 시대에 생겨났기 때문에 시대 상황이 달라진 오늘날에는 그 우주관이 이론적으로 맞지 않는다. 즉, 이 세상을 좋게 보느냐, 좋지 않게 보느냐에서부터 달라진다.

회교는 열사(熱沙)의 중동에서 발생했다. 그래서 인간은 삭막한 사막에서 고생을 하다가 죽을 수밖에 없는 것으로 보았고, 불교 역시 인도라는 더운 지방에서 발생해서 이 세상을 고해(苦海)로 보았다. 힌두교도 마찬가지다. 이 세상에서 고(苦)를 겪고 나야 저 세상(來世)에 가서 극락(極樂)을 누린다고 한다. 그러므로, 이 세상에서의 고생을 저 세상에 가서 낙(樂)을 누리기 위한 과정이라고 했고, 기독교 역시 이 세상을 죄악시해서 원죄(原罪)의 세상이라고 보았다.

따라서 이 세상을 지나가는 세상, 가치 없는 세상, 죽도록 고생하다가 버릴 세상이라고 본다. 세상을 이렇게 부정적인 시각으로 바라볼 때, 인간은 삶의 의욕을 상실하게 되고 한평생 그럭저럭 견디다가 죽으면 된다는 생각을 하게 된다. 즉, 인류의 발전은 물론 정의사회(正義社會)의 실현을 기대하기 어렵게 된다. 그래서 이 세상을 어떻게 보느냐 하는 것이 매우 중요하다는 것이다.

2. 천도교의 우주관(宇宙觀)

그러면 천도교는 이 세상을 어떻게 보는가? 기성 종교와는 달리 가장 가치 있는 세상, 가장 멋있는 세상, 가장 즐거운 세상이라고 본다. 이것이 바로 현대 종교(現代 宗敎)이다. 여기서 가치관이 근본적으로 달라진다.

가치 있는 세상이기 때문에 잘 가꾸고 발전시켜 나가야 한다고 생각하게 된다. 따라서 사람들은 자연을 파괴하지 않고 더욱 멋있는 세상으로 만들어야 한다고 생각한다. 또한, 우리는 같은 천주(天主)의 형제자매이므로 서로 돕고 우의(友誼)를 다지며 살아야 한다고 하는 도덕사회(道德 社會)를 지향하는 기본 틀이 이러한 우주관에서 비롯되는 것이다. 우주관이란 이래서 중요한 것이다. 인간의 모든 행동 양식과 도덕률(道德律)이 바로 우주관에서 비롯되기 때문이다.

그러면, 여기서 천도교의 우주관의 기본 이론이 무엇인지 살펴보기로 한다. 천도교의 교조(敎祖) 수운 최제우 선생은 천도교의 경전인『동경대전(東經大全)』과『용담유사(龍潭遺詞)』를 친히 저술하였다. 그『동경대전』의 첫 장(章)인〈포덕문(布德文)〉첫머리에 보면 다음과 같은 구절이 있다.

"저 옛적부터 봄과 가을이 갈아들고 사시가 성하고 쇠하는 것이 옮기지도 아니하고 바뀌지도 아니하니, 이 또한 한울님 조화의 자취가 천하에 뚜렷한 것이로되(蓋自上古以來 春秋迭代 四時盛衰 不遷不易 是亦 天主造化之迹 昭然于天下也)"

짤막하게 농축된 이 문장 안에 천도교의 우주관이 아주 멋있게 정리되어 있다. 여기서 첫 글자인 '개(蓋)'라는 것은 한번 생각해 보라는 뜻으로 결코 강제성이 없다. 이것을 먼저 쉽게 새겨보면, 생각해 보라고 전제한 다음, 옛날로부터 오늘까지 봄과 가을이 번갈아 갈아들고 네 계절이 성(盛)하고 쇠(衰)함이 옮기지도 않고 바뀌지도 않으니, 이것은 역시 천주조화(天主造化)의 자취가 천하에 뚜렷한 것이라고 하였다.

여기서 태고(太古)로부터 봄과 가을이 갈아들고 네 계절이 성하고 쇠하는 두 가지 사실을 단순히 생각하면 평범한 자연 현상에 불과하다. 그러나 그 이면을 깊이 음미해 볼 필요가 있다.

'춘추질대(春秋迭代)'는 '좋은 세상'이라는 뜻이 내포되어 있고, '사시성쇠 불천불역(四時盛衰 不遷不易)'에는 '규칙적'이라는 뜻이 들어 있다. 지구의 축이 23.5°로 기울어졌기 때문에 춘추질대가 생기는 것이다. 동시에 지구는 북극성과 보이지 않은 끈으로 연결되어 공전(公轉)과 자전(自轉)을 하고 있다. 다시 말하면 아침과 저녁, 밤과 낮, 봄 여름 가을 겨울을 한 치의 착오 없이 규칙적으로 만드는 거대한 우주시계이다.

이처럼 규칙적이고 정밀한 우주시계도 그냥 저절로 이루어진 것이 아니라, 어떤 초자연적(超自然的)인 능력을 지닌 누군가에 의해서 이루어졌다는 것이 분명한 것이다.

그 초자연적인 존재가 바로 천주(天主)라는 것이다. 이것이 〈포덕문(布德文)〉에서 밝히고자 하는 요점이다. 다시 말해서, 우리는 우주시계를 통해서 천주(天主)의 존재를 확인할 수 있다는 것이다.

우리가 만약 춘추(春秋)가 없는 세상, 즉 봄, 가을이 없는 아라비아 사막에서 태어났다면 어떻게 되었을까? 무척 더운데다가 물마저 마음대로 먹고 쓸 수 없으니 여간 고통스럽지 않을 것이다. 마찬가지로, 북극이나 남극 또는 열대 지방에서 태어났어도 고통스러울 것이다. 그렇게 되면 이 세상이 좋다는 관념이 생기지 않고, 때로는 부모를 원망하게 되기도 할 것이다.

그러나, 우리나라에서와 같이 사계절이 뚜렷한 지역에서 가을철에 산에서 샘물 한 모금을 마시면 시원해지고, 겨우내 얼어붙었던 대지 위에 꽃이 피고 만물이 소생하는 봄을 맞는 환희, 찌는 듯 무더웠던 여름을 지나 결실의 계절인 가을을 맞는 기쁨, 생각만 해도 기분 좋은 일이요, 멋있는 봄, 가을이 아닐 수 없다. 여기서 봄, 가을이란 바로 가장 멋있는 세상을 상징하는 것이다.

천도교의 우주관의 첫 번째 요소는 "멋있는 세상, 살기 좋은 세상, 즐거운 세상"에 있다.

무릇 우주관에 있어서 중요한 기준은 이 세상을 고(苦)의 세상으로 보느냐, 낙(樂)의 세상으로 보느냐 하는 것이다. 낙의 세상이라면 살 가치가 있는 세상이요, 고의 세상이라면 살 가치가 없는 세상이다. 살 가치가 없는 세상이라면, 여기서 염세관이 싹트게 된다. 그래서 천도교에는 종말이니 지옥이니 하는 개념이 없다.

우주관에 있어서 두 번째로 중요한 것은, 천주(天主)를 인정하느냐 인정하지 않으냐 하는 문제다. 먼저 커다란 우주시계를 천주가 만들었다고 가정해서 유추해 볼 필요가 있다.

지구가 자전과 공전을 계속하면서 한 치의 착오도 없이 우주시계로서의 역할을 훌륭히 하고 있다고 할 때, 그 우주를 누가 만든 게 아니냐 하는 문제를 가설(假說) 내지는 정설(定說)로서 전제하지 않으면 설명이 안 된다.

따라서, 이것은 어디까지나 공리(公理)일 수밖에 없다. 정리(定理)는 증명해야 하지만, 공리(公理)는 증명할 필요가 없는 그 자체가 진리임을 말한다. 예컨대, 천리(天理)는 공리(公理)이기 때문에 증명하지 않는다. 모든 사람이 천부적으로 타고난 양심에 따라 혹은 이성적인 판단에 따라 옳고 그름을 분간하는 것은 곧 공리이기 때문이다.

내가 도둑질을 할 때, 그 행위가 옳지 못하다는 것은 내 양심이 먼저 안다. 이것은 증명할 필요가 없는 것이다. 또한 1 + 2 = 3이라는 것은 분명히 맞는 사실이다. 그것이 왜 맞느냐를 따질 필요가 없다. 그것은 너무나 당연한 것이기 때문에 굳이 증명할 필요가 없는 것이다. 이것이 공리이다. 마찬가지로, 우리가 우주시계를 분명히 인정하는 이상, 그것이 누군가에 의해서 만들어졌다는 사실도 부인할 수가 없다. 그것이 곧 공리이기 때문이다.

동학 · 천도교의 우주관은 ① 우리 인간이 사는 이 세상이 고해(苦海)가 아니요, 즐겁게 잘 살 수 있는 낙의 세상이라는 것과 ② 이 세상은 천주(天主)가 만들었다고 하는 두 기둥이 핵심이 되는 것이다.

이것이 천도교 우주관의 기본이다. 천도교의 우주관 속에 신관(神觀)이 결합되어 있다. 가치 있는 도덕을 세우려면 가치 있는 우주관 내지 신관이 먼저 세워져야 한다.

우주관, 신관이 잘못되어 있는 상태에서 나온 수단적인 봉사(奉事)는 왜곡되게 마련이다. 이 세상을 바로잡기 위해서는 도덕을 재건(再建)해야 한다면서 옳은 도덕을 제시하지 못하고 있는 현실이 문제다.

오늘날 지성인들이 정치, 사회 운동을 많이 하면서도 인륜 생활(人倫生活)의 근본인 도덕 운동을 용감하게 전개할 줄 모른다. 그것은 바로 올바른 우주관의 결여에서 기인하는 것이다.

3. 천도교의 신관(神觀)

앞에서도 말했지만, 우주관이라고 하면 여기서는 자연스럽게 신관(神觀)이 결부되기 마련이다. 이와 관련해서 수운 선생은 〈포덕문(布德文)〉에서 이렇게 말씀하고 있다.

"어리석은 사람들은 비와 이슬의 혜택을 알지 못하고 무위이화로 알더니(愚夫愚民 未知雨露之澤 知其無爲而化矣)"

옛날의 어리석은 사람들은 농사를 지을 때 씨를 뿌려 수확하는 것이

비와 이슬(雨露)의 덕택인 줄 알지 못하고, 그것이 저절로 되어지는 줄로 알았다는 것이다. 봄에 씨앗을 뿌려 가을에 수확하는 것이 함이 없이 저절로 되는(無爲而化) 줄로만 알고, 누구의 덕택인지 몰랐다는 것이다. 기후를 알맞게 해주고 제때 비를 내리게 하고 햇빛을 비춰주는 것이 누구의 덕택인가. 그것이 바로 천주(天主)의 조화(造化)라는 것을 알지 못했다는 것이다.

천주는 이와 같이 신비스러운 과정을 통해서 또한 천서(天書)를 통해서 어리석은 사람들(愚夫愚民)을 깨우쳐 주었다.

이처럼 천주는 세상을 잘 만들었을 뿐만 아니라 성인(聖人)을 내어 백성을 가르치게 했다. 성인은 바로 천주를 대신해서 어리석은 사람을 깨우치기 위해 나오신 분이기 때문이다.

이렇게 〈포덕문(布德文)〉 하나만 보아도 천도교는 이론적이고 순서적(順序的)이라는 것을 알 수 있다.

첫째로 우주관이 나오고, 둘째로 신과 인간의 관계가 나오고, 셋째로 인간이 할 도리가 나온다. 포덕문에 보면 천주조화의 자취가 천하에 뚜렷하다(天主造化之迹 昭然于天下也)고 했고, 〈논학문(論學文)〉에 백천만물이 그 가운데서 화(化)해 나왔으나, 오직 사람만이 가장 신령한 자이니라(百千萬物化出於其中 獨惟人最靈者也)고 했다.

다시 말하면 천주는 만물을 만든 창조주(創造主)요, 사람은 가장 진화된 영물(靈物)이라는 뜻이다. 그렇다면 창조(創造)와 진화(進化)를 동시에 인정하고 있는 것이다.

바로 '조화(造化)'라는 단어 속에 그 개념이 들어 있다. 조화란 단순히 보면 창조(創造)의 '조(造)' 字와 진화(進化)의 '화(化)' 字로 이루어진 단어라고 생각할 수도 있겠으나, 이것을 정리해서 말한다면 '조화'라는 것은 기본적으로 창조를 의미하면서도 신비스러운, 즉 무위이화(無爲而化)의 진화(進化) 과정을 함께하는 창조적(創造的) 개념을 말한다.

천주(天主)는 조화라는 신비스러운 과정을 통해서 인간이 자연을 충분히 활용할 수 있도록 만들어 놓았다. 심지어는 우리 인간에게 산아(産兒) 조절 능력까지 주었다. 이처럼 사람은 한울의 대행자(代行者)로서 한울을 닮아 자기 스스로를 조절한다. 이 모든 것이 천주의 조화로 된 것이다.

서구에는 조화(造化)라는 말이 없기 때문에 개념 파악이 안 되고, 창조론(創造論)과 진화론(進化論)이 맞서 싸우고 있는 것이다. 따라서 조화라는 단어를 영어로 번역할 수가 없다. 그러므로 『동경대전(東經大全)』을 정확히 번역할 수가 없다. 조화에는 창조와 진화의 개념이 포함되어 있다.

학자들에 의하면, 맨 처음 지구상에 아메바라는 단세포 생물이 생겨나서 장구한 세월이 지난 후에 사람이 살 수 있는 환경 조건이 갖추어진 다음에 사람이 생겨났다고 한다. 그렇다고 본다면, 의도(意圖)로 보면 창조(創造)요, 과정(過程)으로 보면 진화(進化)다. 이 창조와 진화를 대립 개념으로 보지 말고 통합적으로 보는 것이 '조화론(造化論)'이다.

이제 한마디로 천도교의 우주관의 핵심이 천주조화(天主造化)에 있다는 것을 밝히면서, 천도교에 있어서 신과 인간과의 관계를 생각해보기로 한다.

4. 천도교의 신관(神觀)과 남북통일 이념

기성 종교인들 중에 지구의 종말이 온다고 떠드는 사람들이 있다. 이것은 결코 있을 수 없는 일이다. 신(한울)이 설계를 잘못하여 인간을 낳게 했으면 모르되, 조화로써 살기 좋은 세상을 만들었고 사람을 만물의 영물(靈物 = 最靈者)로 낳게 하였는데, 어째서 세상에 종말이 오게 하겠는가. 오히려 이 세상을 종말이 오지 않도록 보호해 준다는 개척 창조론(開拓創造論)이 천도교의 철학이다.

우리 인류에게는 결코 종말이 없다. 천주(天主)가 의도적으로 조화에 의해서 잘 만들어 놓은 세상을 왜 스스로 망가뜨리겠는가. 그러나 이 세상이 가치 없는 세상, 고해와 같은 세상이라면 종말이 오게 되어 있다. 이렇게 보는 것이 기성 종교의 잘못된 우주관이다.

인지(仁智)가 발달한 21세기 오늘날에도 이처럼 황당한 이야기를 믿는 사람들이 있다는 것은 난센스다. 기성 종교 중에도 특히 기독교에 그런 경향이 많다. 그런 면에서도 우리나라에 기독교를 믿는 사람이 많다는 것은 아이러니라고 할 수밖에 없다. 물론, 우리가 미국 덕택으로 해방이 되었고 가난했던 시절 미국의 원조에 의해서 살아갈 수 있었기 때문에, 어느 사이에 우리 국민성이 서구 지향적으로 변형된 데도 원인이 있다. 그런데다 해방 후 기독교인이었던 이승만 초대 대통령이 냉전의 와중에 기독교를 부추긴 데도 원인이 있었다.

근래 우리나라도 때늦은 감이 없지 않으나, 서서히 우리 것을 찾고 우리 정신으로 살아가고자 하는 기류가 감돌기 시작한 것은 여간 다행스러운 일이 아닐 수 없다.

바야흐로 통일을 바라보는 이 시점에서 서구사상이나 그들의 이론을 가지고는 통일이 될 수 없다는 것은 공지(共知)의 사실이다. 따라서 남북통일은 우리의 생각과 새로운 이론에 의해서 이루어져야 한다.

지금 통일하는 데 있어서 연방이니 연합이니 하고 논란하고 있지만, 문제는 북쪽의 사회주의와 남쪽의 자본주의가 체제적으로 다른데 근원적으로 연방이든 연합이든 이루어질 수 있다고 생각하지 않는다. 지금까지 완전히 이질적인 체제가 연합통일이 되어 본 적이 없다. 통일 독일은 자본주의가 흡수한 통일이었고, 베트남은 사회주의가 자본주의를 무력으로 통일시켰다.

이것은 연합도 연방도 아닌 통일이다. 이념과 체제가 전혀 다른데 어떻게 연합이 되겠는가. 그러니까 상호 속임수를 쓰려고 한다. 그래서 한쪽에서는 적화통일을 경계하고, 또 한쪽에서는 흡수통일을 경계한다. 그러다 보니 상호 속임수가 먹혀 들여가지 않고 긴장 상태만 지속되는 것이다.

그렇다면 어떻게 해야 하는가? 우선, 상호 자기 고집적 이념에서 탈출하여 공통의 이념으로 접근시키고, 하나의 이념으로 합치는 작업이 필요하다. 북쪽은 평등(平等)을 강조하고, 남쪽은 자유(自由)를 강조한다. 그러므로 자유와 평등을 하나로 통합하는 일이 중요하다. 지금까지도 자유와 평등이 냉전 이론에 의해서 서로 대립하고 분리되는 개념으로 파악했다. 그러나 천도교의 신관(神觀)에 의하면 이것은 결코 분리되거나 대립할 수 없는 통합개념(統合概念)임을 알 수 있다.

천도교의 교조(敎祖) 수운 선생은 신관(神觀)의 핵심을 시천주(侍天主)

로 표현했다. 사람은 누구나 천주(天主)를 모시고 있다는 뜻이니, 그래서 인간은 가장 영특하고 신령스러운 존재(最靈者)일 수밖에 없고, 이것이 더 나아가 인내천(人乃天)이 된다. 인내천이 되면 사람은 한울과 같은 속성을 지니는 존재임을 의미하는 것이 되고, 그렇게 되면 그 속에 자유와 평등은 자연히 당연히 다 들어가 있을 수밖에 없다.

이처럼 인내천주의(人乃天主義)에는 자유와 평등이 분리되어 있는 것이 아니라 하나의 개념으로 통합되어 있다. 더구나, 근래에 이르러 남북대화를 통해서 어느 한쪽이 먹거나 먹히지 않는 대등한 관계에서 통일을 이루고자 하는 마당에 자유와 평등 어느 한 쪽만의 이념을 고집하는 것은 어리석은 일이다.

따라서, 자유와 평등을 통합개념으로 한 천도교의 이념이 통일이념이 될 수밖에 없다는 당위가 여기에서 나온다. 그러면 그 자유와 평등을 통합한 동학의 이념은 어디에서 나오는가? 그것은 인내천에 기초한 신인 관계(神人 關係) 즉 천주(天主)와 사람과의 관계에서 비롯된다.

인내천(人乃天)의 신인 관계에 의하면 사람은 가장 존귀한 존재가 된다. 만약 사람이 신에 예속된 존재, 신의 노예와 같은 존재가 된다든가, 신과 사람이 상통(相通)하지 않는다면 사람은 존귀한 존재가 될 수 없다. 사람이 존귀할 수 없다면 자유와 평등이 무슨 필요가 있겠는가. 그러므로, 사람은 한울과 직접 통할 수 있어야 하고, 중보자(仲保者, 하나님과 인간 사이에 서서 그 관계를 성립시키고 화해를 가져오는 역할을 하는 사람, 즉 예수)가 따로 있을 필요가 없는 것이다. 그래서 천도교에서는 시천주(侍天主)라 말한다.

사람마다 천주(天主)를 모시고 있는데 그런 인간에게 자유와 평등이 따로따로 분리되어 있을 수 있겠는가.

천도교의 신관(神觀)을 이해하는데 있어서는 시천주(侍天主)의 개념을 올바로 파악할 필요가 있다. 내가 한울을 모신 존재(侍天主)이기 때문에 신과 직접 대화하고 통할 수가 있다.

기독교에 있어서는 중보자 예수를 통하지 않고는 신과 인간이 직접 만나지 못한다. 따라서 예수의 이름을 빌리지 않고 기도하면 이단자가 된다. 그런데 천도교에서는 시천주(侍天主)이기 때문에, 교조(敎祖) 수운 선생을 통해서라든가 그 이름을 빌려서 기도하지 않아도 직접 통신(通神)할 수가 있다. 이에 대해서 수운 선생은 직접 말씀 하시기를,

"나는 도시 믿지 말고 한울님만 믿어서라. 네 몸에 모셨으니 사근취원(捨近取遠) 하단 말가."라고 했다. 이것이 천도교의 신관(神觀)을 이해하는데 중요한 대목이며, 실로 동학인 천도교와 서학인 기독교를 확연히 구분하는 결정적인 구절이다.

기독교에서는 예수가 신의 독생자(獨生子)이기 때문에 예수를 통하지 않고는 신에 접근할 수 없고, 예수를 통하지 않고는 기도가 성립될 수 없으며, 예수를 통하지 않고는 신앙 그 자체가 이루어지지 않는다고 한다. 그래서 인간은 완전히 신에 예속된 노예와 같은 존재로 격하(格下)되고, 때로는 양(羊)에 비유되기도 한다.

그런데 천도교에서는 '네 몸에 모셨으니 사근취원 하단 말가.'라는 한마디에 함축되어 있는 그대로, 인간이 시천주(侍天主)의 존재이기 때문에 신과 같은 존엄한 존재로 보는 것이다.

기성 종교에서 말하는 것처럼 신이 인간 밖에 저 세상 아득하고 먼 곳에 있다는 것이 아니라, 인간과 가장 가까운 바로 내 몸에 모시고 있기 때문에 '가까운 데 있는 신을 버리고, 먼 곳에 있는 신을 찾으려 하느냐.'라고 말하고 있는 것이다.

그러므로 시천주에서 유추되는 것은 인본주의(人本主義)라고 할 수 있다. 그러나 인본주의는 단순한 통념적 인본주의가 아니고, 신인 상통적(神人相通的) 인본주의이다.

그러므로 자유와 평등이 통합된 인내천적(人乃天的) 이념에 의하면 자유와 평등 어느 한 쪽이 무시되든가 먹히는 통일은 용납되지 않는다.

이것은 어떤 의미에서 한국의 운명이며, 천주(天主)의 뜻(한울님의 안배)이기도 하다. 천주께서 한국을 세계적인 모범국가로 만들기 위하여 우리 민족에게 평화통일과 사상통일의 과제를 주었다고 보아야 한다. 그리고 그에 대한 교과서인 『동경대전(東經大全)』까지 주셨다. 그 교과서대로 하면 이념통일이 될 수 있고, 따라서 체제통일도 자연히 되는 것이다.

다시 말하면 동학(東學)·천도교(天道教)를 아는 데서 통일의 방법론이 나오기 때문에, 동학·천도교를 하루속히 알려야 할 이유가 여기에 있는 것이다.

언젠가 철학자들이 모여 회의를 하면서 통일을 위한 제3의 이념을 찾고자 했다. 어디 가서 찾자는 것인가. 분명한 것은 천도교는 제1의 이념이다. 우리 조상이 만든 보석이 여기 있는데, 다른 데서 만든 모조

품을 진짜로 알고 찾고 있으니 안타깝다. 바라건대 천도교의 이념에
공감하고 동참하는 집단이 조속히 형성되고 육성되어야만 그만큼 통
일도 빨리 이루어지리라 믿는다.

천도교의 정치 사상(政治 思想)과 체제(體制)

고(故) 해운 임문호 선도사

아래는 해운 임문호 선생님(1900~72)께서 공산-자본주의의 상극 사상을 극복하고 천도 이치에 기반하여 정치 사상과 체제를 제시한 것이다. 연구사례의 하나로 소개하며, 일부 문구와 표현을 다듬었음을 밝혀둔다.

1. 천도교(天道敎) – 전문(前文)

성격(性格)	천도교는 후천개벽 신 세계 건설의 원리와 동력이다
연원(淵源)	천도교는 한민족 고유의 신앙과 사상이 동서고금의 모든 사상을 성장 요소로 삼아, 과거의 뒤섞이고 거친(雜朴) 부분들과 협소한 민족적 테두리를 벗어버리고(脫皮) 현대적·세계적으로 면모를 일신한 신 사상, 신 신앙, 신 종교
교조(敎祖)	△ 제1세 수운(水雲) 최제우(崔濟愚) △ 제2세 해월(海月) 최시형(崔時亨) △ 제3세 의암(義菴) 손병희(孫秉熙) △ 제4세 대도주 춘암(春菴) 박인호(朴寅浩)

2. 원리(原理)

종지(宗旨)	인내천(人乃天)		
우주관 (宇宙觀)	본원(本源)	한울님	전일신(全一神)
	만유본체(本體)	지기(至氣)	한울님의 의욕(意欲)
	생성(生成)	기화(氣化)	무위이화(無爲而化)
	목적(目的)	가치 실현	진선미(眞善美)
인생관 (人生觀)	전생(前生)	성령(性靈)	지기(至氣)
	현생(現生)	시천주(侍天主)	한울님 뜻 실현의 초점
	후생(後生)	성령장생 업(業)불멸	윤회전생
	목적(目的)	가치 실현	지성(至聖)
사회관 (社會觀)	본질(本質)	천국(天國)	가치 실현 세계
	성립(成立)	개전교호(個全交互)	동귀일체(同歸一體)
	이상(理想)	지상천국	성신쌍전(性身雙全)
	운영원칙	인간성 자연(自然)	자율적 협동

3. 동력(動力)

목적	광제창생(廣濟蒼生)
강령(綱領)	성신쌍전(性身雙全)
방법	4대 개벽(정신개벽·가정개벽·국가개벽·세계개벽)

1) 性(靈·心·個人·自存) = 개인

목적	지상신선, 법(法)·전(全)·성(聖)·천(天)
5福	① 도성덕립　　　② 무병장수　　③ 천록향수(天祿享受) ④ 상감 법열(常感法悅 항상 법열을 느낌) ⑤ 후생극락(後生極樂)

가. 정신개벽(精神開闢) = 수도(修道)

기본강령	수심정기(守心正氣)		
행동강령	信 誠 敬(孝悌溫恭)	知 意 情	眞 善 美
	한울法 준수(法)	全人 지향(全)	聖人 지향(聖)
교화 10조	① 연성(鍊性) ② 보건(保健) ③ 수심(修心) ④ 조행(操行 태도와 행실) ⑤ 생업(生業) ⑥ 대인접물(待人接物) ⑦ 제가(齊家) ⑧ 화향(化鄕 마을 교화) ⑨ 경국(經國) ⑩ 국제(國際)		

나. 가정개벽(家庭開闢)

성 립	부부(夫婦)
강령(綱領)	① 화락(和樂) ② 법도(法度) ③ 유여(裕餘 너그럽고 넉넉함) ④ 성숙(聖淑 성스럽고 깨끗함)
공동 임무	① 이해 ② 상경(相敬) ③ 협조 ④ 수분(守分 직분을 지킴) ⑤ 절검(節儉 아끼고 검소함) ⑥ 입계책(立計策 계획과 방안을 세움) ⑦ 무교육(務敎育 교육에 힘씀) ⑧ 숭조선(崇組先 조상을 받듦) ⑨ 제천사(祭天師 한울님 스승님을 숭배하고 기림)
각개 임무	① 부화 ② 부순 ③ 친자(親慈 부모는 자애롭고) ④ 자효(子孝 자식은 효성스러우며) ⑤ 형우(兄友 형은 동생을 사랑하고) ⑥ 제공(弟恭 동생은 형을 공경함)

2) 身(肉 · 物 · 사회 · 의존) = 사회 : 목적 - 지상천국

가. 국가개벽(國家開闢)

목적	보국안민(輔國安民)
방법=역량	① 민족혼(토대) ② 신(新)이념(理想) ③ 신체제(설계) ④ 신인간(재료)
보국(대외)	① 정치 - 자주 ② 경제 - 자립 ③ 국방 - 자위
안민(대내)	① 정치 - 전민공화(全民共和), 5권 분립 ② 경제 - 소비조합 ③ 문화 - 3경(三敬 경천, 경인, 경물) 문화

나. 세계개벽(世界開闢) : 목적 - 포덕천하(布德天下), 세계공화(世界共和)

13대 과제	① 국제공통어(한글) 보급 ② 국제문화 교류 ③ 국제경찰군 조직 ④ 국제경제협동기구 설립 ⑤ 국제정치기구의 설립(국제연합 개선) ⑥ 국제구조기구 확충 ⑦ 인류평등 · 국가평등의 대의 확립 ⑧ 인종적 · 민족적 · 종교적 편견 타파 ⑨ 침략주의 타파 ⑩ 강권주의 타파 ⑪ 각 국가의 보국안민 ⑫ 각 국민의 정신개벽 ⑬ 상극사상(相克思想)의 해결

4. 결론 : 협동민주주의

1) 사회이념(社會理念) = 상극사상(相克思想) 해결

종별(種別) / 주장(主張)	상극사상		해결사상
	공산(共産)	자유(自由)	인내천(人乃天)
神문제(우주본원)	無神	초월적 유일신	내재적 초월 全一神 (선악 초월 · 有無形 포괄)
만유본체	유물(唯物)	유심(唯心)	유기(唯氣 = 至氣)
사회기본	전체	개인	개전쌍전(個全雙全)
사회이념	평등(公益)	자유(私益)	평화(共益)
사회정의(正義)	의무	권리	직분(職分)
사회운영원칙	강권	자유	자율
사회운영방법	통제	경쟁	협동

2) 사회체제

가. 정치체제(政治體制)

구분	공산주의(사회주의)		자유민주주의		협동민주주의	
國體	계급		민주		민주	
政體	독재		공화(共和)		공화(共和)	
정치 기구	입법 행정 사법	통합	입법 행정 사법	분치 (分治)	입법 행정 사법 인사 감찰	분치 (分治)
정치	일당 독재		대통령(제왕적 또는 의례적 행정수반)		대통령(국책입안/ 庶政통할)	
행정	독재		대통령 내각(의회)		독립(각부장관 개별책임)	
입법	독재		독립		독립	
사법	독재		독립		독립	
인사	독재		행정부속(付屬)		독립	
감찰	독재		행정부속(付屬)		독립	
비고	1. 평등이 어느 시기 에도 없음(계급적 으로) 2. 자유가 없음 3. 불안·공포에 쌓임 4. 정신문화가 없음		1. 대통령 책임제에서 일인독재 쉬움 2. 내각책임제에서는 가. 일당독재 쉬움 나. 행정안정성 없음 다. 의회: 정권쟁탈 수라장되기 쉬움 3. 기강이 부패되기 쉬움		1. 일절 권력폐해 없음 2. 행정이 안정됨 3. 기강이 확립됨	

나. 정치체제(政治體制)의 세부 구성

■ 국가원수 : 대통령(大統領)

1. 대통령은 국가의 원수로서 대내·대외 국가를 대표한다.

2. 대통령은 국민의 직접 비밀 투표에 의하여 선거한다.

3. 대통령은 임기가 있는 직(有期職)으로 한다.

4. 대통령은 국가 운영의 방책을 계획수립한다.

5. 대통령은 서정을 감찰한다.

6. 대통령은 법에 의하여 대소 공무원을 임면한다.

7. 대통령은 그의 보좌기관으로서 정치위원회를 둔다.

8. 정치위원은 행정관, 사법관, 국회의원, 인사위원, 감찰위원 등을 겸임하지 못한다.

9. 대통령이 입안한 예산안, 법률안 기타의 국책방안은 국회의 동의를 얻음으로써 성립된다.

10. 대통령은 국회의 표결에 대하여 일차에 한(限)해 재의(再議)를 구할 수 있다.

11. 대통령은 국회의 재의(再議) 결과가 부당하다고 생각할 때는 이를 국민표결에 부(附)하여 결정지을 수 있다.

12. 대통령은 국회를 불신임할 경우에는 국민표결에 부(附)하여 해산 여부를 결정한다.

■ 입법(立法)

1. 입법기관은 제1, 제2의 양원(兩院)을 둔다.
 1) 제1원은 각 지방(面 또는 郡의 경제자치체 - 협동조합)의 대
  표로서 구성하며 예산안에 대하여 구성권을 갖는다.
 2) 제2원은 종교, 교육, 언론, 학술, 예술, 법조, 의약 등 각 기능
  분야 대표로 구성하며 법률, 외교문제에 우월권을 갖는다.
2. 입법기관은 예산안[대통령이 송출(送出)], 법률안(대통령안, 국
  회안) 기타 국가운영안을 심의 · 결정한다.
3. 입법기관은 행정을 감시한다.
4. 입법기관의 의원은 행정관, 사법관, 인사위원, 감찰위원, 정치
  위원 등의 타직을 겸임하지 못한다.
5. 입법기관은 국책(國策) 결정상 대통령과 의견이 불합(不合)할
  시는 각각 또는 공동으로 이를 국민투표에 부(附)하여 가부를
  결정할 수 있다.
6. 입법기관으로서 대통령을 불신임할 시는 국민표결에 대해 가
  부를 결(決)할 수 있다.

■ 행정(行政)

1. 각부 행정은 당해 행정장관의 단독 책임으로써 집행한다.
2. 행정장관은 인사원의 전형 · 선발(銓選)로 대통령이 임명한다.
3. 행정장관은 대통령과 정치위원회와 입법기관의 자문에 응하
  고 필요한 자료를 제공하며 의견을 진술할 수 있다.
4. 행정장관은 입법기관의 의원, 정치위원, 사법관, 인사위원, 감
  찰위원 등의 타직(他職)을 겸임할 수 없다.
5. 행정장관은 임기가 있는 직(有期職)으로 하되, 연임할 수 있다.
6. 행정장관은 일절 정치에 초월, 그 진퇴(進退)를 오직 법률에만
  의(依)한다.

■ 사법(司法)

1. 사법관의 자격은 인사원의 고시(考試)에 의하고, 그 임면은 법에 의하여 대통령이 집행한다.

2. 재판은 삼심제(三審制)로 한다.

3. 사법관은 행정관, 입법기관의 의원, 인사위원, 감찰위원, 정치위원 등의 타직(他職)을 겸하지 못한다.

■ 인사(人事)

1. 인사원(院)은 대통령과 입법기관(제1원, 제2원)이 각각 3분의 1(三分一式)을 선출한 위원으로서 조직(組織)한다.

2. 인사원은 각급 선거와 공무원의 고시와 전형·선발(銓選)을 관장한다.

3. 인사위원은 행정관, 사법관, 입법기관의 의원, 정치위원, 감찰위원 등의 타직(他職)을 겸임하지 못한다.

■ 감찰(監察)

1. 감찰원(院)은 대통령과 입법기관이 각각 3분의 1(三分一式)을 선출한 위원으로서 조직한다.

2. 감찰원은 일절 국가기관의 사무와 공무원의 기강을 감찰한다.

3. 감찰위원은 행정관, 사법관, 입법기관의 의원, 정치위원, 인사위원 등의 타직(他職)을 겸하지 못한다.

■ 결과

> 1. 대통령은 행정권, 인사권이 없으므로, 권력남용 여지가 없다. 그러나 국책입안 직책이 있어서 의례적 존재도 아니다.
>
> 2. 입법기관은 내각책임제처럼 여야대립으로 정권쟁탈을 일삼는 폐단이 없고, 또 대통령책임제처럼 행정권에게 압력을 받는 폐도 없어 일의합심(一意合心) 입법에만 충실할 수 있다.
>
> 3. 행정부는 대통령책임제나 내각책임제와 달리 정치권 외에 있을 뿐 아니라, 행정장관은 신분이 보장되어 있으므로 행정의 안정성과 행정기술의 향상을 기할 수 있다.
>
> 4. 인사가 독립되어 있을뿐 아니라, 조직이 대통령과 입법 양원이 같이 선출함으로 상호감시케 되어 공정을 기할 수 있다.
>
> 5. 감찰도 인사와 전반적인(全樣) 상호감시에 의하여 공정을 기할 수 있을 뿐 아니라, 독립되어 권위가 있을 것이다.
>
> 6. 권력의 분화와 상호견제로서 전제독재의 폐가 제거됨과 동시에, 항상(全時) 국민의 자유가 보장된다.

다. 경제체제(經濟體制)

구분	공산주의(사회주의)	자본주의	협동 민주주의
원칙	1. 생산의 계획화 2. 분배의 평등화	1. 재산의 사유(私有) 2. 활동의 자유 3. 시장경제원리에 의한 생산과 분배	1. 재산의 사유(私有) 2. 활동의 자유 3. 생산의 자율적 계획 4. 공정한 분배(경제 능력·수준 고려)

정책	1. 자유의 구속 2. 통제적 계획생산 3. 산업의 국영(國營) 4. 재산 사유금지	1. 자유의 경쟁화 2. 영리적 재산 방임 3. 산업의 사영(私營)	1. 자유의 협동화 2. 자율적 계획생산 3. 산업 공동경영 (共營)
결과	1. 국민생활의 단조 (單調) 2. 창의欲과 생산의 욕 위축 3. 사회적 활기 소실 4. 사회적 불평 · 불 안 초래	1. 기업의 독점 2. 부의 집중 3. 사회적 대립 · 갈등 4. 물자(物資), 학력, 지력 정체(停滯) 5. 공황의 발생 6. 실업자 계속 발생 (不絶) 7. 사회적 불평 · 불 안 초래	1. 물자, 학력, 지력 총동원 2. 생산의 증대 3. 물자유통 원활 4. 이윤의 공정 분배 5. 국민생활 균형적 발전 6. 실업문제 완전 해결 7. 사회의 안정

라. 경제체제(經濟體制)의 구성

원 칙		1. 재산의 사유 2. 활동의 자유(방임과 경쟁에서 협동화) 3. 생산의 자율적 계획 4. 공정한 분배
구성원		소비자(국민 전체)
자 금		1인 1口, 출생과 전시(全時) 가입
조직 형태		리동(理洞) 조합 → 면(面)연합회 → 도(道) 연합회 → 중앙회(전국)
의사 기관		총회 - 리동(理洞) 대표 - 면(面) 대표 - 도(道) 대표
생 산	농축	단독 책임(세대 단위), 경지(耕地)와 가축 사유(私有), 구매판 매 · 시설 협동
	鑛工	공동 경영(共營) - 업종에 의하여 리(理) · 면(面) · 도(道) · 중앙에 배속

교역	국제	공동 경영(共營) - 중앙회에서 전담 경영(專營)
	국내	공동 경영(共營)
분배		매장(理 · 洞 · 조합의 직영) 자유 매매
가격		소요 노력(勞力) 기준
실시 방법		1. 산업 개혁법 제정　2. 조합의 조직(경제 자치체)
적용 범위		1. 민수(民需) 전반　2. 군수(軍需) · 국수(國需) 수탁(受托)
제외		1. 신문 · 잡지 · 도서 등의 출판업　2. 가내수공업
결과		1. 노사의 대립, 생산자와 소비자의 대립, 도시와 농촌의 대립과 이해 배치가 일절 해소됨에서 순일평등(純一平等)한 사회가 실현된다. 2. 이윤의 공정한 분배로 빈부의 대립이 해소된다. 3. 생산의 자율적 계획화로 공황이 해소된다. 4. 물자, 학력, 지력(知力)이 총동원됨으로 생산이 증대된다. 5. 사회가 유기화(有機化)되므로 산업이 기계화 할수록 국민 전체가 노력을 적게 하고 소득이 증가되며 실업자가 전무(全無)케 된다. 6. 국민은 모두 자기 일이므로 생산의욕과 창의성이 앙양(昻揚)된다. 7. 사회적 모든 장벽이 해소되므로 물화유통(物貨流通)이 원활하게 된다. 8. 물가의 기준을 노력(勞力)에 둠으로, 농공산물의 물가가 모두 균형적으로 안정을 얻는다. 9. 누구든지 아무 직장에서나 일할 수 있고 정원(定員)의 제한이 필요없다. 10. 강권적 · 통제적 계획이 아니므로 국민의 자유가 완전 보장된다. 11. 사회적 불안 · 불평 · 불화가 없어 안정과 평화와 열락(悅樂)을 항구적으로 향수(享受)한다.

※ 해운 선생님의 '천도교 정치 사상과 체제' 원문은 동귀일체 네이버카페 (https://cafe.naver.com/chonsim)의 '동학 · 천도교 인물' 코너에 게재

사회관 · 행복관(社會觀 · 幸福觀)

1. 천도교의 우주관(宇宙觀)과 사회관(社會觀)

천도교에서는 이 세상이 천주(天主)의 조화(造化)로 우리 인간이 살기 좋도록 멋지고 아름답게 만들어졌고, 그리고 천주가 살기 좋은 환경을 만든 후에 사람을 태어나게 했다고 보고 있다. 그래서 사람은 천주와 직결된 존재, 즉 시천주(侍天主)의 인간이라는 것이 천도교에 담긴 우주관 · 인간관의 기본이다.

그러므로, 우리 인간 세상에 천주가 바라는 의도대로 지상천국(地上天國)을 건설해야 한다는 의무와 당위가 요구된다. 다시 말하면, 한울님이 우리에게 지성(知性), 영성(靈性), 시천주의 감성(感性)을 주신 데 대한 보답으로 우리 인간사회를 지상천국으로 만들어야 한다는 것은 이론상으로나 실제상으로나, 천리(天理) 상 우리가 해야 할 의무이다.

만약, 전제 조건이 긍정적인 것이 아니고, 부정적이거나 가치가 없는 것이라면 지상천국을 생각할 수 없을 것이다.

지상천국이란, 자연과 인간사회가 어우러져 이루어지는 것이다. 여기에는 자연적인 조건도 중요하지만, 인간사회에 전쟁이나 갈등이 없어야 하고 물질에 구애받지 않아야 하며, 정신적으로 희열과 보람을 느낄 수 있는 사회가 되어야 한다는 것이다. 다행히 현대는 과학이 발달하고 인간의 영성과 지성에 의하여 자체적으로 인구 조절이 이루어질 수 있게 되었으며, 환경 정화와 사회 정화를 위해 사람들 나름대로 노력하고 있다.

그러나, 그러한 노력은 도덕적으로 한울님의 뜻에 맞게 이루어져야 한다. 구체적으로 말하면, 환경 정화를 하는 데 있어서도 자연환경을 한울님이 만든 본래 모습대로 보전하는 것이 중요하다. 또한 사회 정화를 하는데도 한울님이 바라는 대로 지상천국, 즉 도덕적인 사회를 만들어야 한다는 것이다.

사회를 자기 멋대로 살다 가겠다는 발상은 반사회적인 행위요, 더구나 시천주(侍天主) 사상과는 전혀 맞지 않는다.

2. 천도교의 사회관(社會觀)과 행복관(幸福觀)

그러므로 천도교의 사회관(社會觀)은 시천주 사상(侍天主 思想)에 입각하여 자연환경의 정화는 물론이요, 사람을 한울님처럼 서로 공경하는 도덕의 극치를 이루는 사회, 즉 지상천국을 건설하는 데 있다고 하겠다.

이러한 사회관은 두말할 필요가 없이 천도교의 우주관(宇宙觀)에서 비롯한다. 한울님이 이 세상을 조화로서 멋지게 만들었고, 그러한 좋은 환경에서 살도록 사람을 태어나게 했다면, 사회를 어떻게 보아야

하느냐, 또 사회를 어떻게 살아가야 하느냐고 하는 천도교의 사회관은
이미 그 방향이 확정되어 있는 것이다.

> ※ 우리가 행복을 누리는 것도 이러한 방향과 배치되어서는 안 된다. 말하
> 자면, 사회 정화라는 도덕 사회 건설에서 이탈한 반사회적인 행복이나
> 타락적인 쾌락을 누리겠다는 것은 천도교의 행복관과 맞지 않는다.

언젠가 TV에서 신체장애자와 지적 장애아 17명을 보살피며 살고 있
는 기성 종교 젊은 부부 교역자(教役者)를 인터뷰한 일이 있었다. 기자
가 어떻게 해서 이런 일을 하게 되었느냐고 묻자, 그들은 우리가 돌봐
주지 않으면 안 된다는 의무감과 사명감에서 아이들 돌보는 일을 한
울님이 주신 천직(天職)으로 알고 하고 있으며, 아이들을 위해서 우리
부부가 자식을 낳지 않기로 결심했다고 답했다. 우리 아기를 낳게 되
면 내 자식에 대한 애정으로 아이들을 보살피는 일에 소홀하게 될까
봐 그렇다는 이들 부부야말로 천사가 아닌가 한다.

이들 부부는 바로 고생을 행복으로 승화할 줄 아는 사람들이다. 남
이 싫어하고 기피하는 일을 마다하지 않고 자진해서 어려운 일을 기
쁘게 하는 사람, 그러면서도 괴로움보다는 고(苦) 속에서 숭고한 행복
감을 느낄 줄 아는 사람, 이런 사람이야말로 진실로 복을 누리는(享福)
사람일 것이다.

세속적인 쾌락이라든가 개인의 영광, 명예를 위해 행복을 추구하는
일은 누구나가 할 수 있다. 그러나 자기를 희생하면서까지 사회와 민
족을 위해서 나아가 제인질병(濟人疾病)을 위해서 사심(私心) 없이 봉사
한다는 것은 결코 쉬운 일이 아니다.

즉, 사회에 이바지하고 부모에게 효도해서 사회가 잘 되고 부모님이 기뻐하심으로써 내가 행복을 느낄 수 있는 차원이 천도교의 행복관(幸福觀)이다.

그러므로, 내가 정신적으로 참된 천도교인이 되면 사회에 이바지하는 것을 더욱더 행복으로 생각하게 될 것이다. 그래서 복을 누리기 전에 먼저 사상 정립(思想 定立)이 필요하다. 나의 사상의 기준이 개인적인 것인지, 대중적인 것인지. 또한 나 개인만을 위하여 사는 것이 가치 있는 삶인지, 아니면 사회를 위해 사는 것이 가치 있는 삶인지에 대한 기준 설정이 중요한 것이다.

부모에게 효도하는 것이나, 국가에 충성하는 것이나, 사회에 이바지하는 것이나 모두가 자발적으로 이루어질 때 진정으로 즐거움을 느끼고 복을 누리게 된다.

이런 점을 보더라도 사회관(社會觀)이나 행복관(幸福觀)도 우주관(宇宙觀)이 기본이 되기 때문에, 우주관이 빗나가면 행복관도 자연히 잘못될 수밖에 없는 것이다. 그래서 올바른 사상의 정립이 필요한 것이며, 거기에서 올바른 도덕 사회의 구현이 시작된다.

또한, 사회를 어떠한 사상적 근거에 의해서 보느냐에 따라 행복관이 달라진다. 수운 선생은 천도의 진리를 깨우친 후,

"좋을시고 좋을시고 이내신명 좋을시고, 금을 준들 바꿀소냐 은을 준들 바꿀소냐."

하고 한없는 희열에 잠기며 큰 행복을 느꼈다. 그랬기 때문에 죽음에 임해서도 전혀 두려워하지 않고 관헌을 향하여,

"나는 천도로서 사람을 가르쳐 어지러운 세상을 다스리고, 기울어지는 나라를 돕고자 하노라. 이 도(道)가 세상에 나온 것은 천명(天命)으로써 나온 것이요, 인위(人爲)로써 조작(造作)한 것이 아니며, 내 또한 일신(一身)으로 도에 목숨을 바쳐 덕을 후세 만대에 전하고자 함도 역시 천명이니라."

하고 당당히 말할 수 있었던 것이다.

이처럼 순도(殉道)를 두려워할 줄 몰랐던 것은 죽어서도 죽지 않는 장생(長生)의 복을 알았기 때문이다.

수운 선생은 득도 당시 한울님으로부터,

"나의 주문(呪文)을 받아 사람들을 가르치고 포덕을 하면 너(水雲)로 하여금 장생하여 천하에 빛나게 하리라."

라고 한 천명(天命)에 순응하는 것이기에 당당할 수 있었던 것이다. 수운 선생에 있어서는 죽음에 임하여 천주(天主)와 합일(合一)됨으로써 모든 사람에게 숭앙받는 것이야말로 최고의 복이었던 것이다.

옛말에 "사람은 죽어서 이름을 남기고 호랑이는 죽어서 가죽을 남긴다."라는 격언은 이와 같은 명예로운 죽음을 가리키는 것이다. 명예는 고귀한 것이며, 그것은 고인(故人)이 되어서도 복이 된다. 그래서 예로부터 명예를 중요시하는 사람은 차라리 목숨을 버리면 버렸지 명예를 더럽히지 않았다.

의암(義菴) 선생의 법설 『현기문답(玄機問答)』에서

"교인의 목적(目的)은 무엇입니까?"

라는 물음에 대해

"대범(大凡) 사람의 마음이 육신의 이익에 관계가 중(重)한지라, 신심(信心)으로 천주(天主)를 모심에 그 목적이 항상 수(壽)를 누리며, 운명(運命)이 통하고 커서 지위(地位)가 높으며 복록이 진지(眞摯, 참되고 착실함)하여 재산이 풍족하기를 발원(發願)하느니, 천주(天主)는 사람의 부모요 주재(主宰)라, 사랑하고 보호하는 마음이 어찌 범연하시리오."

라고 했다.

천주(天主)가 사람을 보호하고 사랑하기 때문에, 여러 가지 복을 주려고 노력한다는 것이다. 명예도 주고, 수(壽)도 주고, 재산도 주는데, 단 그 자체가 목적이 되어서는 안 된다는 것이다. 천주를 신심(信心)으로 받들어 의롭게 살다 보면, 목숨도 길어지고 명예도 주고 복도 준다는 것이다. '효도하는 자식에게 무엇인가 더 주려고 할 것이다.'라는 답변이다.

시천주(侍天主)하여 공경(恭敬)하면 병(病)도 들지 않고 복(福)도 받는다.

『용담유사』의 〈권학가〉에 보면,

"일일시시 먹는 음식 성경 이자 지켜내어 한울님을 공경하면 자아시 있던 신병 물약자효 아닐런가."

라고 했다.

음식은 약(藥)이다. 한울님께서 주신 음식을 날마다 정성과 공경을 다하고 감사하는 마음으로 기쁘게 먹으면, 어렸을 때부터 있던 신병(身病)까지도 낫는다는 것이다.

질병이란 대체로 불안이나 스트레스에서 온다는 것은 이미 잘 알려진 사실이다. 불쾌하고 우울한 상태에서 식사를 하면 당연히 몸에 해

롭다. 기분 좋고 즐겁게 먹는다면 비록 소찬(素饌)이라도 약이 되고 건강해진다.

3. 올바른 행복관(幸福觀)의 중요성

하지만 즐거워지는 것은 그냥 되는 것이 아니라, 그 사람의 행복관(幸福觀) 여하에 달려 있다. 가급적 긍정적으로 생각하고 사회를 위해 즐겁게 이바지할 수 있는 사람이어야 한다. 이것은 억지로 되는 것이 아니다.

종교도 마찬가지다. 돈을 많이 바치면 복을 많이 받는다고 생각하는 종교가 있다면 어떻게 되겠는가? 백만 원을 바치면 1억 원이 생긴다 하고, 10분의 1을 받치면 나머지 10분의 9가 돌아온다고 했을 때, 만약 그러한 반대급부가 생기지 않는다면 어떻게 되겠는가? 즐거울 수가 없는 것이다.

그러나 아예 반대급부를 생각하지 않고 바치는 것 그 자체가 즐겁고 보람 있다고 생각한다면 그것이 복 받는 것이요, 복을 누리는 것이 된다.

사람은 효도를 할 때 이미 복을 받는 것이다. 내가 마음으로 우러난 효도를 할 때, 나 스스로 즐겁기 때문에 복을 받는 것이다. 베푸는 것과 봉사는 조건이 없어야 한다. 거기에 무슨 목적의식(目的意識)이 있어서는 안 된다. 모든 종교가 그렇게 되어야 한다. 다시 말하면, 우리가 베풀고 정성을 다하는 데 있어 수(壽)·복·지위 등은 여택(餘澤, 무엇인가에 따라오는 혜택)이 되어야지, 그 자체가 목적이 되어서는 안 된다는 것이다. 여택과 목적을 혼동해서는 안 된다.

우리가 부모의 재산을 바라고서 효도를 한다면 안 되는 것이다. 어디까지나 효도가 목적이 되어야 하고, 재산은 부수적인 여택이 되어야 한다. 이것이 뒤바뀔 때 불평불만이 생기고 갈등이 생긴다.

그러면『동경대전(東經大全)』〈논학문(論學文)〉에서 이와 관련된 부분을 살펴보기로 하겠다. 〈논학문〉에 보면, 수운 선생과 제자와의 문답이 나온다.

제자가 스승님에게

"도(道)를 배반하고 돌아가는 사람은 어찌된 것입니까?(反道而歸者 何也)"라고 묻자, 선생은

"이러한 사람은 거론할 가치가 없느니라.(斯人者 不足擧論也)"라고 대답했다. 그러자 제자가

"어찌하여 거론하지 않습니까?(胡不擧論也)"라고 재차 질문하자

"공경하되 멀리할 것이니라.(敬而遠之)"라고 대답했다.

다시 말하면, '도를 배반하는 사람'이란 앞에서도 말했듯이 처음부터 어떤 반대급부를 바라고 입도했던 사람, 또는 목적과 여택(餘澤)이 뒤바뀐 교인을 지칭한다. 어떻게 그런 사람이 될 수 있는가 하는 물음에 스승님은 한마디로 거론할 가치조차 없다고 답변했다. 그래도 제자가 다시 질문하자 '경이원지(敬而遠之)'라고 함축성 있는 한마디로 대답했다.

경이원지(敬而遠之)란 도를 배반하고 돌아가는 사람(反道而歸者)에 대한 행동강령이요, 방법론이다. 잘못을 저지른 사람에게, 더구나 배신자(背

信者)에게 어떻게 공경하면서 멀리하란 말인가, 이것은 어느 정도 수양된 사람이 아니면 사실상 어려운 행동양식이다.

"가까이하지 말고 멀리하라, 비록 배신하는 행위는 밉지만 사람 자체는 미워하지 말라."는 뜻이다.

우리 사회에서 죄를 미워하되 사람은 미워하지 말라고 하는 말과도 같은 내용이다.

사실 이런 일은 우리 일상생활에서 볼 수 있는 행동철학이다. 미운 사람이거나 배신한 사람에게는 인사도 안 하지만, 그렇다고 싸움도 안 한다. 만약 화가 난다고 싸우고 폭력을 휘두른다면 도덕 사회 건설에 도움이 될 수 없다. 그러므로 경이원지(敬而遠之)의 대상이 되는 사람은 결국 사회적으로 고립되어서 마치 창살 없는 감옥에 갇힌 것과 같이 격리되고 말 것이다.

법원이 범죄인을 재판할 때 죄질이 아주 나쁜 사람은 무기 징역에 처하여 사회와 영원히 격리시키기도 한다. 천도교는 고문이나 사형은 물론, 보복을 가르치지 않는다. 다만, 멀리 격리시킬 뿐, 사람은 미워하지 말라는 것이다.

경이원지는 동양적인 개념으로 파악하면 이해가 쉽다. 따라서 영어로 개념에 맞게 정확히 번역하는 것은 사실상 불가능하다. 지금도 그런 폐단이 더러 있지만, 옛날에는 가혹하게 세금을 거두거나 백성의 재물을 강제로 빼앗는 못된 관리들이 많아서 온갖 구실을 붙여 백성들을 착취했다. 그래서 장사꾼은 물론 농민들까지도 이들에게 뇌물을 바치지 않으면 큰 손해를 보기도 하였다. 그렇다고 이들 관리를 너무

가깝게 자주 만나다 보면 손해가 나고 또한 그렇다고 너무 멀리하다 보면 화를 입기도 하므로, 가깝게도 하지 말고 멀리도 하지 않도록 적당한 거리를 두고 처신할 수밖에 없었다. 이와 같이 가까이도 멀리도 하지 않는(不可近不可遠) 처세방법도 경이원지라고 할 수 있다.

모든 사람이 나를 경원(敬遠)해서 상대해 주지 않으면 그보다 불행한 일은 없다. 차라리 감옥에서는 같은 수인(囚人)끼리 대화라도 할 수 있지만, 사회에서 버림받고 친구가 없으면 그 사람은 말할 수 없는 고통으로 마치 벌을 받는 것과 같이 느껴진다. 이렇게 고립되었을 때 사람은 정신적으로 질식할 수밖에 없는 것이다. 이것이 배반자(背反者)에 대한 천도교의 행동철학이다.

경이원지(敬而遠之)에 이어서 제자가 다시

"전에는 무슨 마음으로 입도(入道)를 하였다가 후에는 무슨 마음으로 도(道)를 배반하는 것입니까?(前何心而後何心也)"

라고 물었다. 이에 수운 선생은

"바람 앞에 풀이니라.(草上之風也)"

라고 간단히 대답했다. 바람 앞에 이리저리 흔들이는 풀과 같이 줏대 없는 사람을 비유해서 초상지풍야(草上之風也)라고 비유한 것이다.

신념이 없는 사람, 깨우침이 모자란 사람, 의지가 박약한 사람이니 거론할 필요조차 없다는 말이다. 그러자 제자가 묻기를

"그렇다면 어째서 강령이 되었습니까?(然則 何以降靈也)"

라고 하자,

"선악을 가리지 않느니라.(不擇善惡也)"

라도 답했다.

여기에 강령(降靈)이란 천도교에 있어 종교체험의 한 현상을 말한다. 천도교의 주문(呪文)에는 '지기금지 원위대강(至氣今至 願爲大降)'이라는 구절이 있는데, 이 주문을 계속 외우면서 수련을 하면 강령(降靈)이 되어 천기(天氣)와 기화(氣化)됨을 느끼기도 하고, 때로는 병이 낫기도 하고, 새로운 정신세계를 경험하기도 한다.

그런데 도를 배반한 사람에게 어떻게 강령이 되느냐고 물었을 때, 수운 선생은 '불택선악(不擇善惡)'이라고 대답했다.

부연하자면, 강령은 선한 사람이든 악한 사람이든 가리지 않고 된다는 것이다. 그렇다면 종교에 있어서 선악을 가리지 않는 것이 말이 되느냐고 할 것이다. 여기서는 그런 것이 아니다. 강령 그 자체는 도(道)이며, 교(敎)가 아니다. 교(敎)는 선악을 분별(分別)하지만, 도(道)는 무선무악(無善無惡)이다. 그러므로 천도(天道)는 선악을 초월한 것이기 때문에 선한 사람 악한 사람을 가리지 않고 강령이 된다.

예를 들어, 선한 사람과 악한 사람이 함께 걸어가는데 비가 내렸다고 하면, 이때 두 사람이 다 비를 맞는다. 구름이 걷히고 햇빛이 비칠 때도 구분 없이 같이 비친다. 이처럼 선과 악을 가림이 없이 공평무사(公平無私)한 것이 천도의 속성이기 때문에, 선한 사람 악한 사람을 가리지 않고 강령이 된다고 한 것이다.

천도교에서는 강령을 종교체험의 초급 단계로 본다. 이 단계를 거쳐 수련을 쌓아 지극히 지기(至氣)의 경지에 이르면, 지덕(智德)을 갖춘 성인의 경지에 이른다(至化至氣 至於至聖)고 했다. 그러므로 초보적인 강령

만으로 선악을 구분한다는 것은 있을 수 없고, 따라서 천도는 선악을 가리지 않다고 한 것이다.

실제로, 우리 사회에서 착한 사람이 불행을 당하는 경우가 있는데, 바로 이러한 것은 불택선악(不擇善惡)의 속성 때문인 것이다.

천도교의 도(道)는 자연 아님이 없기(莫非自然) 때문에 모든 것이 자연스럽지 않음이 없고, 또한 자연지리(自然之理)이기 때문에 자연의 이치에 배치되는 것이 없다. 따라서 복(福)을 논하는 것도 자연의 이치를 떠나 생각할 수 없다. 여기서 학문의 공정성과 중요성을 재인식하게 되는 것이다.

그다음 계속해서 제자가 묻기를,

"불택선악(不擇善惡)이라고 했으니, 해(害)가 되는 것도 없고, 덕(德)이 되는 것도 없습니까?(無害無德耶)"

라고 했다. 즉, 착한 사람이든 악한 사람이든 가리지 않는다면, 어떻게 사회정의를 실현시킬 것이며, 그것이 해(害)도 되지 않고 덕(德)도 되지 않는다면 어떻게 되는 것인가라는 뜻이다. 이 질문에 대해서 수운 선생은,

"해(害)가 있을지 덕(德)이 있을지 그것은 천주(天主)에게 달려 있는 것이요, 나에게 달려 있지 않다.(有害有德 在於天主 不在於我也)"

라고 전제한 다음,

"하나하나 마음으로 헤아려 본즉, 해(害)가 그 몸에 미치는지는 자세히 알지 못하겠으나, 이런 사람이 복을 누린다(享福)는 말은 다른 사람으로 하여금 듣게 해서는 안 된다.(—— 究心則 害及其身 未詳知之 然而斯人享

福 不可使聞於他人"

라고 하셨다.

이를 쉽게 이해하기 위해서 한 가지 예를 들어보면, 공장에서 생산성을 높이고 질 좋은 우수제품을 만들기 위하여 일부러 불량품을 회사 내에 전시해 놓는 경우가 있다. 사원들로 하여금 잘못된 부분을 눈여겨보아 두었다가 다시는 그런 불량품을 만들지 않도록 최선을 다하라는 반면교사적(反面教師的, 다른 사람이나 사물의 부정적인 측면에서 가르침을 얻음) 교훈 방법이다.

역사적으로 보더라도, 이완용과 같은 매국노가 나타나는 것은 이런 사람을 표본으로 내세워 너희들은 이런 사람이 되지 말라고 하는 반면교사적 교훈을 한울님이 주시는 것이다.

이런 점으로 미루어 어느 것이 좋고 나쁜지, 또한 해가 되고 덕이 되는 지는 천주(天主)가 알아서 판단할 일이지, 우리 인간이 판단할 일이 아니다(有害有德 在於天主 不在於我也)라는 것이다. 그러므로, 천주의 의도에 따라 좋은 사람이나 나쁜 사람이나 표본적으로 내세울 수 있는 것이니, 표면적으로 나타난 것만 보고 이것을 단순히 해(害)가 된다든지 덕(德)이 된다든지 판단할 것이 아니라 그것은 천주에게 맡겨 두라는 뜻이다.

수운 선생은 이와 같은 현상에 대해서 이것이 궁극적으로 해(害)가 될지 덕(德)이 될지 하나하나 마음속으로 깊이 생각하고 연구해 보았으나, 그것이 천주(天主)의 뜻에 달려 있기(在於天主) 때문에 자세히 알 수는 없지만, 다만 한 가지 도를 배반하는 사람이라든가 악한 사람들이 복을 누린다(享福)는 말만은 세상 사람들에게 듣게 해서는 안 된다.(斯人享福 不可使聞於他人)고 못을 박았다.

나라를 팔아먹었던 이완용은 그 당시 거들먹거리며 잘 살았다. 남들 보기에 더할 수 없이 행복하게 보였다. 그러나 그것을 행복을 누린다고 생각해서는 잘못이다. 물질과 권력을 한 몸에 지니고 부러울 것 없이 행복을 누리는 것 같이 보이겠지만, 그 사람은 항상 양심의 가책을 느끼면서 언제 앙갚음을 당할지 모른 채 전전긍긍하면서 살았다. 이것을 어찌 진정한 행복이라고 하겠는가. 속담에 도둑질 당한 사람은 두 다리를 펴고 자지만, 도둑질한 사람은 두 다리를 오므리고 잔다고 하였다. 이런 사람들을 가리켜 다른 사람에게 복(福)을 누린다고 말하는 것은 잘못된 것이며, 이는 한울의 뜻에 반하는 것이라고 수운 선생은 말했던 것이다.

거기에 덧붙여 마지막으로 수운 선생이 말하기를,

"그러한 일들은 그대가 물을 일도 아니요, 내가 관여할 바도 아니니라.(非君之所問也 非我之所關也)"

라고 했다. 이 말은 너나 나의 주관적인 평가에 의해서 행복을 논하지 말고 역사적인 평가를 받아야 한다는 뜻이다. 이완용과 같은 사람도 역사적으로 객관적인 평가를 받아야 한다는 것이다.

근래 우리나라에는 졸부가 많고 벼락출세한 사람도 많다. 수단과 방법을 가리지 않고 치부(致富)를 한 사람, 권모술수를 써서 권력을 잡은 사람 등 이런 사람들이 최고의 영화를 누리며 호화롭고 행복하게 산다고 하더라도 그것이 사회적으로 볼 때 별로 가치 있는 삶이 아니라면 행복하다고 말하지 말라는 것이다. 그런 사람들에게 대한 평가와 심판은 역사에 맡기라는 것이다.

이상으로 우리는 '이러한 사람이 복을 누린다는 것은 다른 사람들이 듣게 해서는 안 된다.(斯人享福 不可使聞於他人)'라는 구절을 통해서 천도교의 행복관을 엿볼 수 있다. 돈이 많다고 행복한 것은 아니다. 이 사회에 얼마나 즐거운 마음으로 기여할 수 있느냐, 내가 얼마나 가치 있는 삶을 영위하고 있느냐, 그것이 한울님의 뜻과 합치되는 것이냐 하는 것이 천도교 행복관의 초점이다.

이처럼 기쁜 마음으로 최선을 다하는 사람은 참된 복을 누릴 수 있는 것이요, 또한 인생의 마지막을 여한 없는 죽음으로 '유종(有終)의 미(美)'를 장식할 수 있을 것이다.

3

화복(禍福)의 인과(因果)

화복(禍福)이란 글자 그대로 화(禍)와 복(福)을 뜻하며, 재앙(災殃)과 복록(福祿)을 말한다. 바꾸어 말하면, 불행(不幸)과 행복(幸福)을 뜻하는 말이다.

이 세상 누구를 막론하고 불행하기를 원하는 사람은 한 사람도 없을 것이다. 그래서 대신사께서는 〈안심가〉에서 말씀하시기를

"우리라 무슨 팔자 고진감래 없을소냐. 홍진비래 무섭더라 한탄 말고 지내보세."라고 하셨다. 이 말씀은 고생 끝에 즐거움이 돌아오고 즐거움이 다하면 다시 슬픔이 온다는 뜻으로, 인간 만사는 흥망성쇠(興亡盛衰)가 서로 갈아들면서 살아간다는 것을 의미한다.

해월신사 말씀에 "사람이 한평생을 고생이라고 생각하면 괴롭고 어려운 일 아닌 것이 없고, 낙(樂)으로 생각하면 편안하고 즐거운 일 아닌 것이 없나니, 고생이 있을 때에는 오히려 안락한 것을 돌이켜 생각할 것이라"고 하셨다.

이 말씀과 같이 인생살이를 고생으로 생각하면 이것이 화가 될 수

도 있고, 또한 낙으로 생각하면 이것이 복이 될 수도 있다. 즉, 복 속에 화가 들어 있다는 말씀도 되고, 또한 화 속에 복이 들어 있다는 말씀도 된다.

비유하여 말하면, 화와 복은 동전의 앞뒤와도 같다고 할 수 있다. 동전의 앞면을 화라고 하고 뒷면을 복이라고 할 때에 뒤집어 놓으면 화가 복이 되듯이, 진정한 행복은 정성된 내 마음속에 있는 것이다.

옛날부터 '인간만사 새옹지마(人間萬事 塞翁之馬)'라는 말이 있다. 이 말은 사람이 사는 모든 일에는 한때 좋았던 일이 나중에 불행이 되기도 하고 불행했던 일이 다시 복(福)이 될 수도 있다는 뜻이다.

새옹지마(塞翁之馬)는 다음과 같은 고사에서 유래되었다. 옛날 중국 북방의 어느 한 마을의 노인[새옹(塞翁)]과 그의 아들이 함께 살고 있었는데, 어느 날 우연히 생각지도 않은 말 한 필을 얻게 되었다. 그 후 가난했던 노인과 아들이 살림이 점점 나아졌다. 그러던 어느 날 노인의 아들이 그 말을 타다가 낙마하여 절름발이가 되고 말았다. 이렇게 다리를 못 쓰게 되자 이웃 사람들은 그 말 때문에 화를 입었다며 위로하였다.

그 후 1년이 지나서 오랑캐가 국경을 쳐들어와서 마을의 젊은 사람들은 모두 전쟁터에 나가게 되었지만, 노인의 아들은 불구자였기에 징집에서 면제되었다. 마을의 젊은이들은 전쟁터에서 대부분 전사하거나 큰 부상을 입고 돌아왔다. 이렇게 되자 이웃 사람들은 "아! 저 집 아들은 말 때문에 화를 면했다."면서 도리어 부러워하였다.

새옹지마(塞翁之馬)란 말은 새옹득실(塞翁得失), 새옹화복(塞翁禍福)으로

도 쓰이며, '인간만사 새옹지마(人間萬事 塞翁之馬)'라고 흔히 말한다. 이 이야기와 같이 사람이 살아가는 일이 대부분 한 때의 이(利)가 미래에 해(害)가 되기도 하고, 화(禍)가 복(福)이 될 수도 있다는 뜻이다.

그런데 우리는 화와 복을 잘 이해하지 못하는 경우가 있다. 우리는 부귀공명을 복으로 생각하고 지나치게 돈과 권세를 탐내는 경우가 많다.

물론, 부귀공명을 싫어하는 사람이야 있겠느냐만 지나친 욕심은 복(福)이 아니라 화근(禍根)이 될 수도 있다. 어떤 의미에서는 부귀공명은 뜬구름 같아서 잠시 육신의 호강은 될 수 있을지는 몰라도 마음의 부담이 더 가중될 수도 있는 것이다. 그래서 옛날부터 "천석군 부자는 천 가지 근심이 있고, 만석군 부자는 만 가지 근심이 있다."는 말도 있다. 그리고 대신사께서도 "졸부귀 불상이라 만고유전 아닐런가." 하신 말씀과 같이 공을 들이지 않고 졸지에 부자 되고 높은 자리에 오르는 것은 상서롭지 못한 일로서 재앙과 액운이 뒤따른다.

그러므로 복이란 돈이나 권력이나 어떤 물질이나 육신의 호강으로 갑자기 오는 것이 아니라, 노력하고 공을 많이 들여서 마음의 기쁨을 얻는 데서 얻을 수 있는 것이다. 아무리 돈이 많고 권세가 높고 큰 빌딩에서 살고 있다 하더라도 마음에 기쁨이 없으면 행복하다고 말할 수 없다. 반면에 오막살이에서 가난하게 살면서도 안빈낙도(安貧樂道, 가난을 편안히 여기며 도를 즐김)로써 즐거우면 그것이 참다운 행복이 될 수 있다.

해월신사 말씀에 "마음이 기쁘고 즐겁지 않으면 한울님이 감응(感應)

치 아니하고, 마음이 언제나 기쁘고 즐거워야 한울님이 언제가 감응하느니라.”고 하셨다. 우리는 이 말씀을 늘 명심하고 언제나 기쁘고 즐거운 마음을 가져야 할 것이다.

억만장자보다는 많이 쌓아 두려는 마음을 놓아버린 사람이 더 큰 부자이다. 그러므로 마음을 허공(虛空)과 같이 크게 비우고 여여(如如)하게 (같고 같아 변함이 없음) 하도록 하자. 마음은 본래 허공과 같이 비어 있는 것이다. 구태여 울타리를 짓지 않고 그대로 두면 누구나 다 한울님의 마음으로 돌아갈 수 있다. 더 잘 되려다 오히려 고(苦)를 부르는 법이니, 모든 일의 이치는 흐르는 물처럼 부드럽고 자연스러워야 한다.

수박은 씨에서 생겼으나 수박 속에는 씨가 있다. 나는 과거로부터 왔으나 내 속에 미래가 있다. 그러므로 지금 여기 내 속에 모든 것이 살아 있고 또 갖추어져 있다. 따라서 행복과 불행도 내 속에 있다. 행복을 구하는 것보다 불행을 행복으로 생각하는 마음이 더 중요한 것이다.

흔히들 육체적 고통을 화(禍)라고 생각하기가 쉽다. 하지만, 육체적 고통이야말로 마음의 기쁨, 즉 복(福)을 창조하는 수단이라고도 말할 수 있다. 하루 종일 아무 일도 없이 쉬는 사람과 구슬땀을 흘리며 일을 하다가 잠시 쉬는 사람이 느끼는 기쁨에는 천양지차가 있다. 농부가 일 년 내내 일을 하여 가을 추수하는 그 마음의 기쁨은 말로 다 표현할 수가 없을 것이다.

그리고 아기를 얻는 것이 마음의 기쁨이라고 한다면, 산모의 진통은 육신의 고통이다. 출산의 진통이 없이는 아기를 낳을 수 없는 것과 같이, 육신의 고통이 없이는 마음의 기쁨을 얻을 수 없다. 따라서 육신의 고통을 떠나서 연성수련(鍊性修煉)도 있을 수 없고 연성수련 없이는 행복한 마음이 될 수 없는 것이다.

의암성사께서 말씀하시기를 "성령(性靈)은 나의 영원한 주체(主體)요, 육신은 나의 일시적 객체(客體)이니, 성령을 위주하여 수련을 하면 복록을 얻을 것이요, 육신을 위주로 하여 신앙을 하면 재화(災禍)를 받을 것"이라고 하셨다.

그리고 해월신사께서 말씀하시기를 "잡신(雜神)을 위하는 자가 화를 면하고 복을 받고자 함은 잘못 아는 것이니, 화나 복은 결코 딴 데서 오는 것이 아니요, 전혀 자기의 마음이 짓는 바니라."고 하시고, 이어 "화와 복이 마음으로부터 생기고 마음으로부터 없어지나니, 이는 한울님의 권능(權能)이니라."고 하셨다.

이 말씀과 같이 이치를 알지 못하는 세상 사람들은 복을 얻기 위해서 천상(天上)의 상제(上帝)님께 빌고, 어떤 사람은 용왕님께 빌고, 어떤 사람은 산신(山神), 수신(水神), 목신(木神)에게 빌고, 또 어떤 사람은 부처님께 빌기도 한다. 사실은 누가 밖에서 자기에게 복을 가져다주는 것이 아니며 또 화를 가져다주는 것도 아니다. 자신이 지은 그대로 받는 것이 순리(順理)이다.

그런데 세상 사람들은 바로 자신 속에 있는 보배를 알지 못하고, 끝없는 욕망에 따라 자기 밖을 맴도는 데서 괴로움은 더 가중된다. 옛날부터 '화복무문(禍福無門)'이란 말이 있다. 이 말은 화와 복은 문이 없기 때문에 사람의 선악을 따라서 들어온다는 뜻이다. 사람의 본래 마음은 같은 한 마음이지만, 착한 마음을 가지면 복을 받을 것이요, 악한 마음을 가지면 화를 초래할 것이다.

해월신사께서도 말씀하셨듯이, 비유해서 말하자면, 불(火)은 같은 불이나 쓰는 데 따라서 선(善)·악(惡)이 생김과 같다. 그리고 같은 물이지만 쓰는 데 따라서 이(利)·해(害)가 달라지는 것과 같이, 마음도 동일한 마음이지만, 마음이 이치에 합당하며 심화기화(心和氣和)가 되면 천심(天心)을 거느리게 될 것이며, 마음이 감정에 치우치면 모든 악덕이 이로부터 생기게 된다. 그러므로 신앙하는 사람은 마음을 잘 다스려서 쓰면 화가 복이 될 수도 있고, 있던 질병도 물약자효(勿藥自效)가 된다고 하셨다. 그리고 해월신사께서 말씀하시기를 "정성을 지극히 하는 마음에는 즐겁지 않은 것이 없느니라."고 하셨다.

그러므로, 우리는 한울님의 뜻과 스승님의 가르침을 받들어 한울님을 길이 모시고 매사에 정성을 다하면서 한울님께 지성(至誠)으로 공경을 다할 때 천사(天師)님의 감응을 받아 늘 기쁨과 즐거움, 그리고 행복감을 만끽하게 될 것이다.

이렇게 행복감을 만끽하게 되면 우선 당사자 자신이 행복할 뿐 아니라, 그 행복한 마음의 향기가 가정 안에, 이웃에, 사회에 퍼져나가게 될 것이다. 마음이 여유롭고 행복한 사람에게는 그 사람과 같이 있는 것만으로도 옆에 있는 사람을 행복하게 하여 주는 신비스러운 힘이 있다.

여러 동덕님께서 바로 그런 사람이 되자. 우선 자기 자신이 기쁘고, 그래서 한 가정이 기쁘고, 그와 만나는 모든 사람이 기뻐져서 결국은 자기도 기쁘고 이 세상도 기뻐진다는 그것이 참된 행복이요, 공덕(功德)이 아닐까?

나와 세상이 더불어 함께 기쁠 때 천도의 이치대로 한울나라가 실현되는 것이라 생각한다. 그러므로 우리는 늘 기쁘고, 즐겁고, 행복한 마음으로 신앙생활을 해야 할 것이다.

4

천도교의 내세관(來世觀)

1. 종교와 내세관

'사람이 죽으면 어떻게 되는가?'라는 물음에 대한 해답 체계로 종교마다 그 교리(教理)에 따라서 정리된 독특한 내세관(來世觀) 즉, 사후관(死後觀)이 있다.

지금까지 알려진 기성 종교의 내세관(사후관)을 살펴보면,

첫째, 유령설(유교나 민간 풍속)이 있고

둘째, 윤회설(삼생인과, 전생, 차생, 후생, 불교적 연기론)

셋째, 천당·지옥설(기독교)이 있다.

이상과 같은 기성 종교의 내세관(사후관)은 실제는 존재하지도 않는, 즉 있을 법한 가상(상상)의 세계를 천당이라, 극락이라 설정해 놓고 확고하게 믿도록 이를 신앙의 목표로 정하여 신자(信者)들로 하여금 맹신에 맹신을 강요하고 있다. 그래서 현실의 유형한 육신의 삶을 격하 내지 무시하며, 심지어 자기 조상까지도 무시하고, 나아가 있지

도 않는 허상의 하늘나라 천당을 갈망하는 신앙생활로 교화, 전도하고 있다.

기성 종교 2,000년 신앙 역사에 아무리 훌륭하고 유명하다는 장로나 목사라고 할지라도 하늘나라 즉 천당에 다녀왔다든지, 천당이 어떻게 생겼다든지, 또는 어느 장로나 목사가 죽은 후에 지금 하늘나라 천당에서 잘 살고 있다든지 하는 것을 증언하는 사람은 아무도 없을 것이다. 이것은 이 세상에서 주어진 시간과 공간 속에서 유한한 삶을 사는 사람들을 선(善)으로 인도해서 나쁜 삶을 살지 않도록 가르치기 위한 기성 종교의 교화와 교육의 방편이라 할 수 있다. 이에 반해, 우리 천도교에서는 내세관에 대하여 장생불사(長生不死), 즉 육적 장생(肉的 長生), 덕업 장생(德業長生), 영적 장생(靈的長生)의 3가지를 말한다.

1) 육적 장생(肉的 長生)

육적 장생은 육신의 무병장수(無病長壽), 즉 유형한 육신의 삶을 사는 동안 건강하게 오래 사는 것을 말한다. 기성 종교인이나 비종교인들도 100세, 120세까지 사시는 분도 있고, 반대로 사람에 따라서 과욕, 과음, 과식, 과로, 과색 등 오욕(五慾)에 빠지면 일찍 죽는 사람도 있다. 그런데 천도교를 올바로 신앙하는 사람들은 순천명 순천리(順天命 順天理)하면서 지극한 주문(呪文) 공부로 한울님 마음이 되어 이신환성(以身換性)이 되면, 120세까지 살 수 있다는 육적 장생(肉的 長生)을 말할 수 있을 것이다.

2) 덕업 장생(德業 長生)

다음은 덕업 장생인데, 기성 종교인이나 비종교인 등 세상 사람들 가운데도 남을 위하고 나아가 국가와 민족을 위해서 많은 덕업(德業)을 쌓은 분들이 있다. 특히, 장애인들을 돌보기 위해서 자기 자식을 낳지 않은 기성 종교의 교역자 부부를 비롯해서 양로원, 고아원, 소년소녀 가장, 무의탁 노인 등을 돕는 분들이 많은데 모두가 덕업을 쌓는 일이다.

그런데 천도교인들은 이러한 분들을 따라가지 못하고 있으며, 그러한 면에서는 우리가 많이 뒤떨어져 있는 것이 사실이다. 그러나 천도교의 신앙을 통해서 자기포덕(自己布德), 자기개벽(自己開闢), 자아완성(自我完成), 가정포덕(家庭布德), 도가완성(道家完成), 광제창생(廣濟蒼生)의 포덕사업(布德事業)을 하는 것이 이 세상에서 가장 큰 덕업 장생(德業 長生)이 될 것이다.

3) 영적 장생(靈的 長生)

이상에서 설명한 육적 장생이나 덕업 장생도 물론 중요하지만, 천도교는 영적 장생(靈的 長生)을 보다 차원 높은 내세관(사후관)으로 하고 있음을 확실히 알아야 할 것이다. 영적 장생은 성령(性靈)이 '합세간 출세간(合世間 出世間)'하여 자손들의 심령(心靈)과 융합하고, 우주성령(宇宙性靈)과 융합(融合)·통일되어 함께 장생하는 것을 말한다.

2. 영적 장생(靈的 長生)의 근거와 중요성

1) 영적 장생의 근거

우리 스승님들께서 사후 개체성령(個體性靈)의 장생에 대하여 말씀하신 근거를 경전에서 살펴보면, 첫째 이신환성설(以身換性說), 둘째 성령출세설(性靈出世說), 셋째 향아설위설(向我設位說) 등이 있다.

먼저, 이신환성(以身換性)에서 '내 몸을 성령으로 바꾸라.' 하는 것은 인간의 주체(主體)를 몸에 두지 말고 성령(性靈)에 두라는 것이다. 이것은 살아 있는 동안에 먼저 성령인(性靈人)으로 개벽하여 이것이 사후 개체성령(死後 個體性靈)으로 작용, 포덕교화할 수 있도록 함으로써 생전 사후가 한결같은(一如) 영적 장생(靈的 長生)이 되는 것을 말한다.

다음으로, 성령출세(性靈出世)는 사후 개체성령(死後 個體性靈)이 현세(現世)에서 후손·후학들의 심령(心靈)과 융합, 출세(出世)하여 활동함으로써 장생(長生)하는 내세관의 원리를 말하는 것이다.

또한 향아설위(向我設位)는 천도교의 제례를 말한다. 해월신사께서는 향아설위의 이치를 다음과 같이 말씀하셨다.

"나의 부모는 첫 조상으로부터 몇만 대에 이르도록 혈기(血氣)를 계승하여 나에게 이른 것이요, 또 부모의 심령(心靈)은 한울님으로부터 몇만 대에 이어 나에게 이른 것이니, 부모가 죽은 뒤에도 혈기(血氣)는 나에게 남아 있는 것이요, 심령과 정신도 나에게 남아 있는 것이니라. 그러므로 제사를 받들고 위(位)를 베푸는 것은 그 자손을 위하는 것이 본위(本位)이니, 평상시에 식사를 하듯이 위(位)를 베푼 뒤에 지극한 정성을 다하여 심고(心告)하고 부모가 살아계실 때의 교훈과 남기신 사업의 뜻을 생각하면서 맹세하는 것이 옳으니라."

이것은 조상의 개체성령(個體性靈)은 후손을 통해서만이 그 후손의 심령(心靈)과 융합하여 작용(作用)할 수 있고 후손의 성령과 더불어 장생할 수 있으므로, 시천주(侍天主) 신앙의 진리에 따라 제사를 받드는 후손들을 본위(本位)로 조상의 제사를 봉행하라는 말씀이다.

그러니까, 향아설위는 종전의 벽을 향해서 위를 베푸는 향벽설위(向壁設位)가 아닌 향아(向我), 즉 평상시에 식사하듯이 나를 향하여 위(位)를 베푼 뒤에 지극한 정성을 다하여 심고하고, 부모가 살아 계실 때의 교훈과 남기신 사업의 뜻을 생각하면서 맹세하는 '제식(祭式)'을 말한다.

2) 영적 장생의 중요성과 의의

이상과 같이, 천도교의 스승님들은 천도교 내세관에 대하여 자세히 밝혀 주고 있으나, 천도교를 신앙하지 않는 세상 사람들은 유형한 육신만 생각하기 때문에 죽음에 대한 공포와 비애, 절망을 느끼게 되는 것이다. 그러므로 육신이 생기기 이전에 무형한 성령(性靈)의 세계는 죽고 사는 것을 초월하여 불생불멸(不生不滅)하며 생사(生死)가 일여(一如)하다는 것을 잘 모르고 있다.

대신사께서 '무궁한 이 울 속에 무궁한 나'라고 말씀하신 본뜻도 여기에 있다고 생각된다. 천도교를 신앙하는 사람 중에도 이것을 잘 모르는 분이 계신 줄 안다. 그러므로, 우리들은 지극한 주문공부로 성심수련(性心修煉)을 해야 무궁한 나[본래아(本來我)]를 알게 되고 성령출세(性靈出世)와 장생불사(長生不死)의 길을 열어 나가게 될 것이다.

천도교의 성령출세설은 선천(先天) 시대의 모든 사후관(事後觀)을 새롭게 개벽하여 완성한 법설이라 할 수 있다. 천도교의 사후관은 사람이 살다가 환원(還元, 본래의 상태로 되돌아감. 육신의 죽음을 의미)하면 성령(性靈)이 멀리 떠나는 것이 아니라, 후손이나 후학들의 심령(心靈)과 융합되고 우주성령(宇宙性靈)과 융합되어 이 세상에서 영원히 활동하면서 계속 작용(포덕, 교화)할 수 있다는 것이다.

문제는 환원하신 분의 성령(性靈)이 살아생전에 진리를 깨닫고 천심(天心)을 회복하여 이신환성(以身換性)이 되었는가 안 되었는가에 달려 있다. 진리를 깨달으면 후손이나 후학의 심령과 융합 작용하여 이 세상에 출세(出世)해서 영원히 살아 갈 수 있는 것이고, 깨닫지 못하면 자손이나 후학의 성령과 융합 작용할 수 없는 것은 물론, 혹 융합이 되었다 할지라도 융합된 줄 모르고 결국 방황할 수밖에 없을 것이다.

〈포덕문(布德文)〉의 천사 문답(天師 問答)에서 한울님께서 "나의 영부(靈符)를 받아 사람을 질병에서 건지고 나의 주문을 받아 사람을 가르쳐서 나를 위하게 하면, 너도 또한 장생하여 덕을 천하에 펴리라."고 하셨다. 이는 영부 천심(天心)을 받아서 세상 모든 사람들의 질병을 고쳐주고 주문을 받아서 세상 사람들을 가르쳐 한울님을 위하게 하면, 너(수운)는 장생하여 포덕천하할 것이라는 뜻이다. 여기에서 '장생(長生)'이란 말씀은 살아생전에 오래 사는 것뿐만 아니라 죽어서도 죽지 않고 오래 살 수 있다는 말씀이 내재되어 있는 것이다.

또 의암성사께서는 〈성령출세설(性靈出世說)〉에서 "옛적에 이곳을 보았더니 오늘 또 보는구나.(昔時此地見 今日又看看)"라는 시구를 남기셨다.

의암성사님께서는 포덕 50년 12월에 제자들을 대동하고 양산 통도사에서 49일 기도를 마치신 후 천성산 적멸굴(寂滅窟)을 찾아가셨다. 적멸굴은 대신사께서 득도하시기 전 기도를 드리던 성지(聖地)로, 의암성사님께서 적멸굴 입구에 서서 대신사님의 행적을 더듬으며 심고를 하는데 갑자기 정신이 황홀해지면서 무아지경이 되어 마음이 삼계(三界)를 통하는 듯하더니 대신사님의 모습이 나타났다.

이때 성사님께서는 "그동안 스승님의 거룩한 뜻을 이 세상에 펴려고 하였으나 아직 다 펴지 못하였으니 어찌하오리까. 스승님의 명교를 받들 수 있도록 저희들에게 용기와 능력을 주시옵소서. 이 나라, 이 겨레를 가시밭길에서 구할 수 있도록 큰 힘과 지혜를 베풀어 주시옵소서."라고 극진히 심고를 하고 문득 눈을 떠 보니 대신사님은 보이지 않고 차가운 눈보라만 휘몰아치고 있었다. 의암성사님께서 그처럼 감격하고 있는 순간 문득 강시(降詩)를 받게 되었는데, 그것이 바로 "옛적에 이곳을 보았더니 오늘 또 보는구나."라는 시이다. 이것은 대신사님의 성령(性靈)이 의암성사를 통해서 출세(出世)하신 것으로, 영적 장생(靈的長生)의 확실한 증거가 되는 것이다.

의암성사님께서 우이동에 봉황각(鳳凰閣)을 지으면서 포덕 53년부터 2년간 7회에 걸쳐 전국의 교역자 483명을 소집하여 49일씩 연성수련을 실시할 때, 주로 이신환성(以身換性)을 통한 영적 장생(靈的 長生)을 설법하심으로써 훗날 3.1운동을 성공적으로 이끌 수 있도록 한 것은 우리가 익히 알고 있는 사실이다.

이러한 사실을 볼 때 대신사의 시천주(한울님) 진리에 의하여 해월신사의 향아설위(向我設位) 법설이 나왔고, 의암성사께서 성령출세설(性靈出世說)을 우리에게 전해 주심으로써 천도교 사후 개체성령(死後 個體性靈)을 알게 되고, 또한 천도교의 내세관(사후관)을 확신할 수가 있는 것이다.

성사님께서는 〈성령출세설(性靈出世說)〉에서 "우주는 원래 영(靈)의 표현인 것이니 전대(前代) 억조의 정령(精靈)은 후대 억조의 정령이 된다는 점에서, 조상의 정령은 자손의 정령과 같이 융합하여 표현되고, 선사(先師)의 정령은 후학(後學)의 정령과 같이 융합하여 영원히 이 세상에 나타나서 활동함이 있는 것"이라고 말씀하셨다.

그러므로 생존 시에 진리를 깨닫고 환원(還元)한 사람은 자손이나 후학들의 성령과 융합하여 활동하고, 더 나아가서 도를 통하여 한울님의 마음, 한울님의 이치 기운과 하나로 통일된 사람은 우주심법(宇宙心法)과 합일되어 무궁한 이 울 속에 무궁한 나[본래아(本來我)]로서 지상신선(至上神仙)이 되어 자유극락(自由極樂)을 누릴 수 있을 것이다.

3. 천도교 내세관의 체득(體得)과 포덕교화

옛날 사람들은 사람이 죽으면 영혼은 먼 곳으로 떠나는 줄로만 알았으나, 사실은 먼 곳으로 떠나는 것이 아니라 이 세상에서 자손이나 후학들과 함께 영원히 장생(長生)하는 것을 알 수 있다.

그러나 우리 조상님들 대부분은 시천주(한울님)와 성령출세의 진리를 모르고 환원하셨기 때문에 방황하는 분들이 많았다. 따라서 우리 후손들은 시천주를 체득하고 바르게 도(道)를 닦아 성령출세(性靈出世)

의 길, 즉 장생불사(長生不死)의 길을 바르게 안내해줄 수 있도록 정성을 다해야 하겠다.

이 우주에 대우주 대생명(大宇宙 大生命)이신 한울님은 한 분뿐이다. 한 분뿐인 전일체 전일신(全一體 全一神)인 한울님이 유형화(有形化)된 것이 최령자(最靈者) 사람이다. 따라서 사람이 수도연성(修道鍊性)하여 천심천령(天心天靈)을 깨달아 이신환성(以身換性)이 되면, 성령(性靈) 작용으로 장생불사의 무궁장생(無窮長生)과 포덕교화를 할 수 있을 것이다.

따라서 앞으로 후천 오만년(後天 五萬年)의 천도교의 내세관(사후관)이 이 세상에 보편화되어, 인내천 진리와 장생불사(長生不死)의 삶을 바르게 깨닫게 함으로써, 교인은 물론 세상 사람들이 영원히 한울님 마음으로 한울사람이 되어 지상신선(至上神仙)의 삶을 살 수 있도록 우리 모두 주문공부에 지극한 정성을 다해야 할 것이다.

부록

설교(說教) 방법과 사례

설교(說敎)의 준비와 방법

1. 서론

천도교에서 시급히 해결해야 할 문제 중에서 일차적으로 착수해야 할 것은 교리(敎理)의 체계화 및 현대화를 비롯하여 수행 방법의 체계화, 교사(敎史)의 체계화, 사회관(社會觀)의 체계화, 그리고 종교의식(儀式)의 엄숙화 등을 들 수 있다. 이것들은 교회의 기본이 되는 부분으로서 이 기본이 제대로 닦아질 때 모든 활동이 활발해질 것이다.

종교의식 중에 가장 중요한 설교(說敎)만 하더라도 다른 기본 분야가 제대로 체계를 갖추었을 때 알차게 이루어질 수 있다고 본다. 우리의 교리(敎理)는 포덕 70년대에 이돈화(李敦化) 선생이 체계화를 시도한 이래 새로운 체계화 작업이 제대로 이루어지지 않았다.

우리의 수행 방법 또한 현대사회에 적합하도록 체계적으로 확립시키지 못하고 있으며, 우리의 교사(敎史)도 자료 면, 기술(記述) 면에서 역시 체계화시키지 못하고 있다. 게다가 우리의 사회관도 체계적으로 보는 안목을 갖추지 못하고 있다. 따라서 우리의 종교의식(儀式)은 현대

생활의 정서 면에서 부족한 점이 많은 실정이다.

설교 분야에서도 만족스럽지 못한 것은 사실이다. 다른 분야에 대한 것은 차치하고 설교 분야에 국한시켜 문제와 대책을 살펴보기로 한다.

2. 설교의 유형과 준비사항

1) 설교의 유형

천도교의 설교는 어떤 뜻을 가지고 있으며, 의의(意義)가 무엇인가에 대해 설명하는 지배적인 정의가 없다.

불교에서는 불도를 알기 쉽게 중생들에게 풀이하여 주는 것을 설경(說經)이라 하거나 설법(說法)이라 한다. 기독교에서는 성서(聖書) 내용을 하나의 주제로써 신자(信者)에게 전달해주는 것을 설교(說敎)라 한다.

천도교에서는 설교(說敎)에 대한 정의는 비록 없지만, 교조의 가르침과 행적(行蹟)을 하나의 주제로 꾸며 신앙생활에 도움을 주는 말씀이라고 보아도 무방할 것 같다.

따라서 넓게 보면 전도(傳道), 즉 포덕(布德)을 위한 말이나 교리를 해석해 주는 말도 설교라고 할 수 있다. 그러나 우리가 설교라고 하는 것은 주로 시일예식에서 신앙생활에 도움을 주는 하나의 주제를 정해 말하는 것을 가리킨다고 하겠다. 이것을 전도(傳道) 설교 등과 구분, 주제(主題) 설교라고도 한다.

이 주제 설교도 주제의 성격에 따라 여러 가지로 분류된다. ① 교리적 설교 ② 도덕적 설교 ③ 역사적 설교 ④ 경험적 설교 등 4가지로 구분하는 사람도 있고, ① 교리적 설교 ② 윤리적·수행적 설교 ③ 역사적 설교 ④ 전기적(傳記的) 설교로 나누기도 한다. 물론 이 밖에도 여러 가지 분류가 있다.

그러나, 설교는 교리를 떠나서 윤리를 떠나서 역사를 떠나서 할 수 없을 뿐만 아니라, 하나의 설교에는 이런 요소가 모두 포함이 되어야 한다. 다만 이런 구분은 주제적인 면에서 어느 부분이 강하느냐에 따른 것이라 하겠다.

2) 설교의 준비

설교는 천재 · 둔재를 막론하고 준비 여하에 좌우된다. 설교를 잘하려면 그만큼 준비를 잘해야 한다. 설교 준비는 첫째로 주제 선택부터 해야 한다. 주제 선택은 간단한 것이 아니다. 경전과 스승님들의 발자취에서 주제를 찾되, 용처(用處)에 맞게 택해야 한다. 일단 주제를 선택한 후에는 다음과 같은 것을 준비해야 할 것이다.

① 주제와 관련된 경전 · 법설
② 교리의 재구성
③ 각종 관련 자료의 수집
④ 예화(例話)의 선택
⑤ 초고(草稿) 구성
⑥ 연술(演述, 자기의 사상과 의견을 말이나 글로 나타냄)의 연습
⑦ 한울님과 스승님의 감화가 있도록 지극한 기도

설교자는 평상시에도 준비를 게을리하면 안 된다. 제대로 준비하려면 많이 읽고, 많이 듣고, 많이 생각하는 것밖에 없다. 책 한 권 안 읽

고, 남의 설교 안 듣고, 골똘히 생각하지 않으면 알찬 설교가 될 수 없다.

3. 설교의 구성

1) 설교의 필수 요건

설교 구성에서 먼저 유의해야 할 것은 어떤 요건을 갖추어야 하느냐 하는 점이다. 최소한 다음과 같은 요건은 갖추어야 할 것이다.

① 새로운 정보성을 갖추어야 한다. 정보성이란 새로운 사실이거나 새로 발견된 내용을 말한다. 사람들은 새로운 정보성이 있는 말을 할 때 지대한 관심을 기울이게 된다.

② 관심 있게 구성해야 한다. 같은 말이라도 사람들이 흥미와 관심을 가지고 들을 수 있도록 잘 구성해야 한다.

③ 적용성이 강하도록 해야 한다. 즉, 설교를 듣고 얻어지는 것이 없으면 안 된다. 교양 면이나, 지적 · 도덕적으로나, 신앙생활 면에서 얻음과 감동, 변화를 줄 수 있어야 한다.

설교자는 준비 초기부터 이상의 3대 필수요건을 유의하고 구성에 임해야 한다.

2) 설교의 배열

설교 내용의 배열은 서론, 본론, 결론으로 하면 된다. 그러나, 실제로 설교를 하다 보면 말의 배열을 여러 단계로 만드는 것이 좋다는 것을 알게 된다.

① 서론은 청중의 관심을 집중시키고 기대를 갖게 하는 것으로 하되, 주제를 소개해야 한다. 서론은 간단해야 한다. 서론은 겸손해야 한다. 서론은 본론을 다 만들고 다시 만드는 것이 좋다.

② 본론은 몇 단계로 발전시켜야 한다. 문제의 제기, 경전 법설의 참뜻, 실증(實證)과 필요성, 신앙생활에의 적용 등으로 발전시켜야 한다.

③ 결론은 교리적 설교의 경우에는 추론적으로 마무리하고, 윤리적 설교 등은 권고나 간구(懇求, 간절히 바라고 구함)로써 마무리하는 것이 좋다. 결론은 청중을 가르치는 것이 아니라 격려하거나 결의를 촉구하도록 해야 한다. 그리고 결론도 간단한 것이 좋다.

4. 설교자의 태도

1) 설교에 임하는 태도

설교자의 복장과 두발은 단정해야 하며, 걸어 나갈 때 청중을 살피면서 엄숙한 분위기를 만들어야 한다. 심고는 자리에서 일어나기 전에 하고, 단상에서는 인사만 하며 적당한 간격을 두고 서론을 끄집어내야 한다.

2) 설교 중의 태도

설교는 시청각을 모두 활용하여 전달하기 위해서는 원고를 그냥 낭독하는 일은 없어야 한다. 몸가짐도 자연스럽게 해야 한다. 눈은 항상 청중과 대화하듯 살펴야 한다. 제스처는 자연스럽게 하되, 말의 강약에 따라 표현되어야 한다. 특히, 손의 제스처는 상당히 연구되어야 한다.

음성은 자연스럽게 할 것이며, 지나치게 격하거나 꾸밈이 있으면 안된다. 적절한 악센트만 잘 사용하면 된다. 속어(俗語)는 절대로 사용하지 말아야 할 것이다.

설교자의 태도는 많은 연습과 경험이 필요하다.

설교에서 가장 주의할 것은 시간이다. 25분을 넘지 말아야 하며, 길어도 30분 이내에 끝내야 한다.

사인여천(事人如天)을 몸소 실천하는 교인이 됩시다

고(故) 태암 오명직 선도사

(포덕 143.11.17 부산시교구)

모시고 안녕하십니까? 반갑습니다.

제가 오늘 드릴 말씀은 '사람을 진심으로 한울님과 같이 모시고 공경하는 교인이 됩시다.'는 내용이 되겠습니다.

반포지리(反哺之理)와 보은지도(報恩之道)를 아는 것이 천도(天道)를 아는 것이요, 반포지리와 보은지도를 정성을 다해 실천하는 것이 천도를 바르게 행하는 것이 될 것입니다.

바로 지금이 적실(的實)한 시기라고 인지하고, 지금 서 있는 장소가 기회의 장소라는 것을 깨달은 사람이라면, 누구에게나 이 세상은 자신의 것이 될 수 있고, 목적하는 뜻을 이루고 정상에도 도달할 수가 있을 것입니다.

꽃은 주는 사람의 손에 향기를 남긴다고 합니다. 진실한 신앙생활과 희생 봉사하는 정신은 자신과 자손에게 아름답고 행복한 인과(因果)를 지어줄 것입니다. 요즈음 세상 사람들은 말하기를, 판단 부족으로 결혼을 하고, 인내 부족으로 이혼을 하고, 기억 부족으로 재혼을 한다고 하면서, 가정이 없어지고 도덕이 무너지고, 어머니가 없어지고 아버지가 없어지는 세상이 되어 버렸습니다.

저는 그동안 전국 순회 설교를 해왔는데, 오늘로써 50여 개 교구를 순회하게 됩니다. 가는 곳마다 희망이 있고 발전할 수 있는 터전과 교당과 교인들을 많이 만나 보았습니다.

그러나, 다만 한 가지 부족하고 잘못하고 있는 점은 저와 똑같았습니다. 그것은 다름 아닌 모든 분들이 정시정문(正示正聞, 바르게 보고 바르게 들음)하시는 한울님의 뜻과 스승님의 가르침을 바르게 실천하고 있지 못하다는 점이었습니다. 다시 말씀드리면, 언행일치와 실천 실행이 따르지 못하고 있는 점이었습니다.

우리가 신앙을 추구하고 믿음을 다하는 것은 어제보다는 오늘, 오늘보다는 내일의 좀 더 보람 있는 삶을 도모하기 위해서라고 생각합니다.

그러나, 우리가 평소 신앙생활을 하면서도 후회와 안타까움이 늘 교차되는 것은 천도교의 인내천 윤리(人乃天 倫理)인 사인여천(事人如天)을 바르게 실천하지 못하기 때문이라고 생각합니다.

오늘의 세상은 악질(惡疾)과 괴질(怪疾)이 만세(滿世)해서, 아무리 개혁해도 별수 없다고 체념한 나머지, '무책(無策)이 상책(上策)'이라는 생각으로 살아갈 수도 있을 것입니다.

그러나, 세상이 아무리 각박해도 참다운 인간으로서 가장 사람답게, 가장 성실하게 살아가야 하는 것이 우리들 종교인의 도리일 것입니다. 더욱이, 무극대도(無極大道)를 신봉하는 우리들은 자기 자신이 늘 부족하다는 생각을 가지고, 자아완성(自我完成)을 위하여 열심히 좋은 주문(呪文) 공부를 하는 천도교인이 되도록 노력해야 할 것입니다.

그런 의미에서 오늘 이 시간도 우리 모두가 자신을 되돌아보면서 한울님과 스승님께 극진히 심고(心告)를 드리고 한울님과 마음속으로 진실한 대화를 나누는 가운데, 자기 자신을 자세히 그리고 깊이 있게 생각해 보는 그런 시간이 되었으면 합니다.

요즈음 저는 지방 교구 순회 설교를 하면서 설교 말씀 전에 나이 많은 숙덕 어른들께 '부디 건강하십시오.'라는 인사 말씀을 드리곤 합니다. 특히 그 가운데, 노인삼고(老人三苦)를 벗어나고, 인생 고종명(人生 考終命, 제 명대로 살다가 편안히 죽는 것. 오복 중의 하나)을 아름답고 훌륭하게 마무리하실 수 있다면, 그러한 분은 누구든지 도덕군자(道德君子)의 삶을 사신 분이요, 나아가서 현인(賢人)이나 성인(聖人)의 삶을 사신 분이라고 말씀드릴 수 있을 것입니다.

오래 사시는 것도 물론 중요하지만, 보다 건강하고 보람된 삶을 사는 것이 더욱 바람직하다고 생각합니다. 그런 삶을 살기 위해서는 모든 사람들이 인생의 말년을 장식하는 데 있어서 우선 노인삼고(老人三苦)에서 벗어나야 할 것입니다.

노인삼고(老人三苦)란 첫째 노쇠에서 오는 병고(病苦)요, 둘째 생활 능력 상실에서 오는 생활고(生活苦)요, 셋째 늙음에서 오는 외로움을 이기지 못하는 고독고(孤獨苦)를 말합니다. 이러한 노인삼고를 극복할 수 있다면, 이러한 분은 그동안 주문공부를 많이 하시고, 또 주문공부를 통해서 항상 기쁜 마음을 잃지 않고 살아오신 분이라고 할 수 있을 것입니다. 그러므로, 이 자리에 계신 숙덕 어른들께서는 오늘부터라도 열심히 주문공부를 많이 하시기를 부탁드리면서, 그동안 신앙 생활을 통해서 증험(證驗)한 몇 말씀을 드리기로 하겠습니다.

저는 50여 년 전에 8년간의 투병 생활을 통해 임사호천(臨死號天)의 절박한 한계 상황에서 죽음에 대한 공포와 목숨에 대한 애착이 교차되는 가운데, '산다는 것이 무엇인가.'라는 질문을 스스로에게 수없이 해보았습니다.

그런 과정에서 산다는 것은 '숨을 쉬는 것'이구나, '숨, 이것이 바로 목숨이구나. 이 목숨이 있기에 사는 것이로구나.' '그래 목숨! 이것이 생명(生命)이구나. 이 생명이 있기에 사람은 사는 것이구나'라는, 너무나 평범한 진리를 8년 6개월의 투병(가슴병) 생활에서 마지막 숨이 끊어지는 순간순간에 절실하게 느꼈던 기억이 지금도 생생합니다.

이러한 생명, 이 목숨을 누가 우리에게 주셨을까요? 유형한 생명,

유한한 생명, 일생일회(一生一回)적인 목숨을 주신 분은 유형한 한울님이신 부모님과 무형한 한울님이신 천지부모(天地父母)님이십니다. 어머님의 포태(胞胎)에서 3억분의 1의 경쟁을 뚫고, 귀중하고 존엄하고 성스러운 생명으로 태어난 목숨을, 진자리 마른자리 가려가며 어머님의 젖가슴에 품어 길러주시고 먹여주시고 입혀주시고 가르쳐 주셔서 오늘 이 자리에 있게 하여 주신 부모님 은혜와 천지부모님의 은덕을 바르게 알고 공부하는 데서부터 사인여천(事人如天)의 윤리가 시작되는 것입니다.

즉, 천도교의 인내천 사인여천(人乃天 事人如天)은 부모님을 모시고 섬기고 공경하는 윤리에서부터 시작되는 것입니다. 그러면, 사인여천에는 어떠한 뜻이 내재되어 있기에, 우리 무극대도의 윤리로 정해졌을까를 생각해보기로 하겠습니다.

사인여천(事人如天)에는 첫째, 평등(平等) 사상이 들어있습니다. 여기서의 평등 사상은 인위적·제도적 평등이 아니요, 내유신령(內有神靈)의 평등을 말하는 것입니다. 즉, 인위적·계급적 차별 관념을 털어버리고, 사람은 누구나 한울님을 모시고 있는 시천주적 존재(侍天主的 存在)이므로, 인간 존엄성이 한울님의 존엄성과 같다는 믿음으로 서로 존경해야 한다는 말씀입니다. 다시 말해서, 사인여천은 인격을 신격(神格)으로 승격시킨 신인합일(神人合一)의 평등사상입니다.

둘째, 사인여천에는 경외지심(敬畏之心)이 들어있습니다. 인간 존엄성이 한울님의 존엄성과 같다면, 여기에는 사람을 한울님 같이 모시고 섬기며 우러러 모앙(慕仰)하여 공경하는 경외지심이 들어있습니다.

셋째는 예양(禮讓) 정신이 들어 있습니다. 즉, 서로가 예의를 지키고 공손하고 사양하는 마음을 말합니다. 인사(人事)와 경례(敬禮), 존경(尊敬)과 사랑, 겸손과 양보를 할 줄 아는 마음이라야 사인여천을 실천할 수 있을 것입니다. 그래서, 해월신사께서는 "한 사람이 화(化)해짐에 한 집안이 화해지고, 한 집안이 화해짐에 한 나라가 화해지고, 한 나라가 화해짐에 천하가 같이 화해지리니, 비 내리듯 하는 것을 누가 능히 막으리오."라고 말씀하셨습니다.

넷째는 근신(勤愼) 정신이 들어 있습니다. 근신이란 사람을 대함에 있어 말을 삼가고 행동을 조심하면서, 우(愚)·묵(黙)·눌(訥)을 체행하여 말과 행동을 한결같이 하는 것을 말합니다. 해월신사님의 말씀을 보면 "말은 행할 것을 돌아보고, 행동은 말한 것을 돌아보아 말과 행동을 한결같이 하라. 말과 행동이 서로 어기면 마음과 한울이 서로 떨어지고, 마음과 한울이 떨어지면 비록 해가 다하고 세상이 꺼질지라도 성현(聖賢)의 지위에 들어가기가 어려우니라."고 하셨습니다.

다섯째, 관용(寬容)의 정신의 들어 있습니다. 관용은 사람을 대함에 있어 상대방을 포용하고 너그럽게 이해하며 용서할 줄 아는 마음을 말합니다. 해월신사께서는 "사람을 대할 때 욕(辱)을 참고 너그럽게 용서하며 스스로 자기 잘못을 책(責)하면서, 나 자신을 살피는 것을 주로 하고 사람의 잘못을 그대로 말하지 말라."고 말씀하셨습니다.

자존지심(自尊之心)과 자시지벽(自是之癖)에서 고집이 생기고 불평불만이 생기고 불화가 생기고 부정이 생기는 것이며, 이해심과 인내심이 없어지고 인애지정(仁愛之情)이 없어지는 것입니다. 그러나, 항상 관용(寬容)을 가지고 부끄러워할 줄 아는 자경심(自敬心)을 가지게 되면, 모든 사람을 대할 때 사인여천을 할 수 있는 것입니다. 뿐만 아니라, 관용에서 이해와 인내와 인애지정이 생기고, 동귀일체와 신앙통일과 규모일치도 할 수 있을 것입니다.

그러므로, 사인여천의 근본정신인 평등(平等), 경외(敬畏), 예양(禮讓), 근신(勤愼), 관용(寬容)을 바로 알고 바르게 실천하는 것만이 도덕군자 사람이 되고 시천주의 인내천 한울사람이 될 수 있는 길입니다.

이와 같은 깊은 의미가 담겨 있는 사인여천을 우리는 얼마나 바르게 실천하고 있는지 스스로에게 물어봐야 할 것입니다.

저 자신도 사인여천을 지금까지 바르게 실천하지 못하고 있음을 솔직히 고백합니다. 저희 부모님은 이미 환원(還元)하고 계시지 않습니다만, 부모님 생전에 부모님을 한울님과 같이 모시고 섬기고 공경하지 못한 불효자였습니다. 또한, 아내와 자식과 형제자매를 육신관념(肉身觀念)에 사로잡혀 진정한 마음으로 한울님과 같이 모시고 섬기고 공경하지 못했으며, 모든 동덕님들과 세상 사람들에게도 마찬가지였습니다.

우리 모두 이 시간 이 자리에서 다 같이 참회(懺悔)하고 진심으로 반성하는 마음을 가져야 할 것입니다. 동덕님들과 세상 사람들을 대할 때, 사인여천은 고사하고 인간적인 차별은 없었는지, 또 혹 무시하고 업신여기지는 않았는지, 그리고 서로 미워하고 원망하지는 않았는지, 시부모님을 친정 부모님과 같이 모시고 섬기고 공경하고 계시는지, 며느리를 내 딸과 같이 차별 없이 모시고 섬기고 공경하는데 소홀함은 없었는지, 또 경조사(慶弔事)에 물심양면으로 차별은 없었는지 다 같이 참회하고 진심으로 반성해야 할 것입니다.

이 자리에서 경조사에 대한 말씀이 나왔으니, 여담일지 모르겠습니다만 제 경험을 소개하겠습니다.

제가 사는 고향이 전라북도 부안군 백산면 하청리 수성 부락이라는 곳인데, 옛날에는 고부군 거마면 거룡리였습니다. 고부군수 조병갑으로 인해 난리가 났던 그 자리입니다. 동학혁명 발상지인 조소리가 저희 집 바로 앞 동네입니다. 말목장터 감나무 터가 저희 집에서 2.5km, 만석보 터가 4km, 황토재가 4km. 제가 사는 그 지역이 동학혁명 발생지입니다.

그래서, 저희 가족은 동학혁명 시절 제대로 살지를 못하고 산간벽지의 움막집, 절간집. 이렇게 전전하면서 사람다운 삶을 살지 못하던 그러한 동학군의 죽은 귀신의 자손입니다. 그 지역에는 전라북도 부안군 백산면에는 동학·천도교인은 저희 집 한 집뿐입니다. 그 지역이 지금 동학이 아주 침체되어서 몰락해 있습니다. 그런 지역에 기성 종교가 동네 20~30개 가구가 있는 마을까지 다 들어와 차 있습니다. 제가 지금 머물고 있는 고향 집은 둘째 아들이 살고 있습니다만, 그 마을에 독거노인 중에 홀로 사는 할머니들이 열다섯 분이나 있습니다. 최하가 75세입니다. 남자들도 70세가 제일 막내입니다.

그 마을에 이흥렬 씨라고, 이미 환원한 지 오래고 본부인도 아니고 두 번째 부인으로 와 살고 있는 85세 되는 할머니가 있었습니다. 이 할머니가 누가 들여다보는 사람도 없고, 먼 친척은 동네에 한 분 있으나, 그 있으나 마나 하고. 한번은 곰곰이 생각하니까 '내가 이대로 아파 누워서 오늘 죽을지 내일 죽을지 모르는데 누가 나 죽는지도 모르겠다.' 싶어서, 하루는 단장을 준비하고, 그곳에서 하청리 교회까지 약 500m 거리를 다섯 번 열 번을 쉬엄쉬엄 걸어갔습니다.

안 오던 할머니가 오니까, 교회 사람들이 남녀노소 전부 나와서 그렇게 친절히 맞이할 수가 없었습니다. 우리 동네 사람들은 할머니가 무슨 생각에 거기를 갔는지 모릅니다. 그런데, 그날 한번 딱 갔다 오고는 다시 나가질 못했습니다. 이 할머니가 좀 떨어져 사는 분인데, 동네에서도 아무도 들여다보는 사람도 없고 아무도 관심을 가져주는 사람이 없었습니다.

그 교회 임원들이 이 할머니가 한번 나왔는데 안 오거든요, 다음 일요일에는 꼭 올 것 같았는데 안 나오거든요. 그러니까 그날 저녁에 그 할머니 댁에 가만가만 가 보았습니다. 문을 열고 들어가 보니까 그 할머니가 누워서 운명(殞命) 직전에 있었습니다. 그 노인은 교회 교인도 아니요, 그동안 헌금이나 성금도 내신 분도 아니요, 처음 나오신 분인데, 임원 두 분이 그 자리에서 수습을 하고 목욕재계를 시키고 옷을 깨끗이 입히고 종신(終身)을 하였습니다. 그 이튿날 자기 교회 사람들을 50명을 데리고 가서 깨끗이 흰 상복을 입히고 상여를 메서 출상(出喪)을 잘 했습니다.

그것을 본 동네 할머니들이 '그래, 나도 혼자 살고 있는데, 우리 아들딸 며느리들이 많이 있건만, 전부 도시 나가서 없고 내가 오늘 죽을지 내일 죽을지 모르는데, 그 교회 사람들은 정말 친절하게 잘 해주더라. 나도 가야지. 나도 모르지 않느냐. 자식들보다 더 훌륭하게 출상(出喪)해 주더라.'라고 생각하고, 그다음부터 한 분 두 분 그 교회에 전부 나갔습니다.

포덕교화? 제가 지방 어느 교구에 가니까 교역자 한 분이 "포덕을 어떻게 하면 할 수 있겠습니까? 선생님은 전국을 순회하셨으니, 포덕교화 방법을 알 것 아닙니까?"라고 저한테 질문을 해서, 제가 이렇게 얘기했습니다. "우리 천도교는 정(情)이 없고, 정성이 없고, 성금 안 내고, 이래서 앞으로 우리 천도교가 안 된다. 희생 봉사가 없다."고 했습니다. 이것을 우리 선배님들이 가르쳐주질 않으셨습니다. 그래서 우리가 연습이 안 돼 있고 습관이 안 돼 있습니다. 그 교회 사람들은 보상을 바라고 딱 한 번 왔다 간 그 할머니를 위해 깨끗하게 출상시켜 준 것입니다. 그 공덕(功德)으로, 그에 대한 감사로, 그다음에 그 교회에 전기 누전으로 불이 났는데, 동네 사람들이, 교회도 안 다니는 사람들이 10~20만 원씩 모아 교회를 깨끗하게 수리해주었습니다. 이런 교회는 우리가 도와줘야 합니다. 그것이 바로 민심은 곧 천심이고, 한울님 마음입니다.

우리 안에는 그것이 없습니다. 그러한 희생 봉사가 없습니다. 정(情)이 넘쳐흘러야, 정성에서 인애지정(仁愛之情)이 넘쳐야 합니다. 그래도 제가 다행스럽게 생각하고 기쁘게 여기는 것은, '부산(釜山)' 하면 천도교를 압니다. 전국 다 다녀 봐도 천도교를 모르고, 천주교밖에 모릅니다. 그래서, 저의 희망과 기대를 정말 이 부산시교구에 걸고, 감사해하며, 부산시교구, 부산 시내 계신 천도교인들을 존경합니다. 그런 심정으로, 제가 사실 몸이 좀 불편해서 여기 서 있기조차 힘듭니다만, '내가 이 단(壇)에서 쓰러지더라도 내가 가고자 하는 부산시교구에 가야겠다'는 심정으로 왔습니다.

여러 어르신들! 정(情)을 나누는 교회가 되어야 합니다. 사인여천(事人如天)이 무엇입니까? 내 가족한테부터 사인여천 할 줄 알아야 합니다. 내 부인, 아들, 딸, 며느리, 내 가족에게 사인여천 안 되는 사람이 세상에 대해 사인여천하다는 것은 전부 거짓말입니다. 그것은 있을 수도 없는 말입니다. 누구를 위한 사인여천입니까? 자기 가정, 자기를 위한 사인여천이지, 세상을 위한다고 우리가 너무 공허하고 높고 원대하게만 생각해서 '보국안민 · 포덕천하 · 광제창생 · 지상천국 건설' 이렇게 심고(心告)를 해오고 있습니다. 그렇게 하다보니까 심고 자체는 진리에 맞고 틀림없는데 공허(空虛)합니다. 자기 자신에게 직접 와닿지가 않습니다. 나를 위한, 내 가족을 위한 심고가 없습니다. 자아완성 하나 빼고는 없습니다.

내가 건강하고 행복해야, 내 부부가 행복해야, 부화부순(夫和婦順) 이 되어야, 가정천국이 이뤄져야 지상천국을 건설하지, 가정천국 없는 지상천국 어디 가서 찾겠습니까? 요즘 제가 울면서 지방 교 구 다니며 하는 얘기가 이것뿐입니다. 똑같은 내용을 똑같은 사람 이 백번을 해도 듣는 사람에 따라서, 마음에 따라서 달리 들릴 것입 니다. 이 자리에서 아무리 말을 잘하고, 설교를 잘하고, 경전을 300 번, 500번 줄줄 외워도, 실천 실행과 솔선수범이 아닌 입으로만 하 는 소리는 아무 소용이 없습니다.

오늘부터 우리 모두 진솔하게 실천하는 천도교인이 됩시다. 정 (情)을 나누는 천도교인이 됩시다. 오늘 시일식에 안 나오신 분이 있 다면, 임원들이 가만히 생각해서 늘 나오시던 분이 왜 안 나오셨을 까? 살펴보고, 전화 심방(尋訪)을 해서 왜 안 나왔는지 관심을 가져 야 합니다. 그게 간섭이 아니고 관심입니다. 정(情)으로 한 번, 두 번, 세 번, 열 번 하면, 처음에는 잘 안 받을지라도 미안하고 감사해서 나오기 마련입니다. 이렇게 관심을 기울이면서 안 된다고 해야지, 관리도 않고 관심도 안 가지면서 안 된다 안 된다 하면 안 되는 것 입니다. 부모가 아들딸에게 늘 관심을 갖고 사랑으로 베풀듯이 해야 합니다.

또 한 가지, 제 고향이 전라도이니까 요즘 고향을 방문하면 전라도, 충청도 일대, 여기 경상도 일대도 과일 수확기입니다. 풍수 피해는 말할 것도 없고 수확기에 인부가 없습니다. 농촌에 할아버지 할머니밖에 없습니다. 과일을 제때 출하를 못해 썩어가고 있습니다. 그런 상황인데, 이번에 지방엘 한번 내려갔더니, 멀리 교회에서 20~30명이 도시락을 다 장만해 와서 성의껏 수확을 도와주는 그 봉사. 그 사람들은 그 교통비가 아까운 줄도 모르고 한가로워서 도와주겠습니까? 이미 이 사람들은 그 희생 봉사 정신이 뇌세포, 기억세포에 입력이 되어 있습니다. 2,000년 동안 완전히 입력이 되어 있어서 자동으로 돌아갑니다. 일반 국민들도 으레 그분들은 그렇다고 인지하고 있습니다. 그러니까 그렇게 발전해 나가는 것입니다.

한 가지 더 말씀드리면, 성철 스님이 기독교 평(評)한 것 안 보셨습니까? 성철 스님 말씀이 "기독교 성경, 그것 애들 장난이다. 불경에는 감히 대할 것도 없다. 그런데도 불교가 기독교에 비해 떨어진다. 기독교인들은 보상심리가 철두철미해서 100원 내면 억만금 받는다고 하는, 하나님 은혜로 도와준다는 것이 입력이 되어 있다." 그렇게 기독교인들은 죽자 살자 맹신을 하는 것입니다. 또 그렇게 해서 이뤄집니다. 그런데 그런 단련도, 교육도, 실천도 해오지 못한 것이 우리 천도교입니다. 그럼에도 불구하고, 요즘 저는 희망적인 소식을 듣습니다. 아시안 게임이나 월드컵 대회에서 우리 부산시

교인 여러분들이 천도교가 백만 번 불러지듯, 도와주고 협력해주셔서 천도교라는 이름이 저 멀리 부산 항구에서 나오는 그 자체에 너무나 감사했습니다. 부산시 교인 여러분! 전국을 찾아봐도 천도교를 모르는 실정에서 참으로 존경합니다.

이런 안타까운 심정으로, 달리는 말에 채찍을 가하는 마음으로, 다시 한번 더 우리 천도교의 가장 기본적인 윤리인 사인여천을 바르게 실천하기 위해서는 어떻게 해야 할까 말씀을 드리고자 합니다.

그것은 한울님 마음을 찾는 길밖에 없지 않습니까. 주문공부를 열심히 해서 한울님 모심을 알고, 한울님 말씀과 가르침을 받아야 한울님 능력을 체험할 수 있을 것입니다.

이와 같이 신앙 체험을 통한 대참회 반성으로 참회의 눈물, 감사의 눈물, 기쁨의 눈물을 흘릴 때 기화지심(氣化之心)이 되고, 기화지심이 되어야 남을 칭찬할 수 있는 마음이 되고, 남을 칭찬할 수 있는 마음이 되어야 수심정기(守心正氣)와 천인합일(天人合一)이 되고, 천인합일이 되어야 이신환성(以身換性)이 되고, 이신환성이 되어야 진심으로 머리 숙여 내 가정부터 온 세상 사람을 사인여천으로 공경하고 모시고 섬길 수 있는 그러한 교인이 될 것이라는 말씀을 드리면서, 오늘 제 설교에 갈음합니다. 감사합니다.

천도교 신앙 심화

저　자 | 동귀일체
발행자 | 오 혜 정
펴낸곳 | 글 나 무
(03311) 서울시 은평구 진관2로 12, 912호
전 화 | 02)2272-6006
등 록 | 1988년 9월 9일(제301-1988-095)

2022년 8월 14일 초판 인쇄 · 발행

ISBN 979-11-87716-66-2 03250

값 7,000원